U0527131

马拉松
名将手记

42.195 公里的孤独之旅

［日］大迫杰
著

温煊
译

中信出版集团｜北京

图书在版编目（CIP）数据

马拉松名将手记：42.195公里的孤独之旅/（日）大迫杰著；温炬译. -- 北京：中信出版社，2021.10（2025.4重印）
ISBN 978-7-5217-3422-5

Ⅰ.①马… Ⅱ.①大…②温… Ⅲ.①大迫杰—生平事迹②人生哲学—通俗读物 Ⅳ.①K833.135.47②B821-49

中国版本图书馆CIP数据核字（2021）第160310号

HASHITTE, NAYANDE, MITSUKETA KOTO by OSAKO Suguru
Copyright©2019 AMUSE INC.
All rights reserved.
Original Japanese edition published by Bungeishunju Ltd., Japan in 2019.
Chinese (in simplified character only) translation rights in PRC reserved by CITIC Press Corporation, under the license granted by AMUSE INC., Japan arranged with Bungeishunju Ltd., Japan through Bardon-Chinese Media Agency.

本书仅限中国大陆地区发行销售

马拉松名将手记：42.195公里的孤独之旅

著　　者：[日]大迫杰
译　　者：温炬
出版发行：中信出版集团股份有限公司
　　　　　（北京市朝阳区东三环北路27号嘉铭中心　邮编　100020）
承　印　者：北京启航东方印刷有限公司

开　　本：787mm×1092mm　1/32　　印　张：6.75　　字　数：105千字
版　　次：2021年10月第1版　　　　印　次：2025年4月第16次印刷
京权图字：01-2021-3762
书　　号：ISBN 978-7-5217-3422-5
定　　价：59.00元

摄影：松本升大
策划：林田顺子

版权所有·侵权必究
如有印刷、装订问题，本公司负责调换。
服务热线：400-600-8099
投稿邮箱：author@citicpub.com

推荐语

读大迫杰的书,我是来寻找人生感悟的。长跑和写作都很累,唯一能让自己感到不累的办法就是习惯它;马拉松和写书都是耗费漫长时间的任务,想坚持下来,就要把大的目标拆解成小的目标,先想头十公里怎么配速,先跑好脚下这一步。

何帆　上海交通大学经济学教授,《变量》作者

大迫杰是非常知名的日本马拉松选手,他超高的颜值和优雅的跑姿不但吸引了无数马拉松爱好者,更是"出圈",大力推动马拉松运动的认知普及。作为马拉松爱好者,我曾经仔细研究过他的成长历程,无数荣誉的背后,充满了一往无前的坚持和决绝。为了超越现在的自己,他放弃了优渥的赞助,放弃了传递奥运圣火的机会，勇猛精进，去除杂念，专注训练，这才是大智慧。很多时候，跑步是和自己的身体、心灵对话，疲惫、伤痛、失败难免会让人迷茫，我们不妨通过这本书了解一下一个跑步修行者的内心独白，了解一下科学的训练和营养是如何支撑高强度的训练的，了解一下一个跑者的放弃和坚持。马拉松其实是一个精神奢侈品，在马拉松运动里面，精神层面的需求大过一切。这本书应该是很好的精神抚慰和按摩，让我们学习思考，然后穿上跑鞋，去追逐我们自己的远方。

梁峰　"悦跑圈"创始人

有人会说，人生就像一场马拉松，当我们能像大迫杰一样真正长时间地面对自己，不好高骛远，积累每一个当下，保持坚定的意志，目光看向远方的时候，我们就能坚定地跑完自己人生这场马拉松。在人生的马拉松赛程中，享受一路的风景，享受一路伙伴的陪伴。也希望我们能有大迫杰的能力，在这一路上掌控自己的不安，接受所有的结果。接纳自己，因为我为了走这一条路，已经付出了自己所有的努力，每多向前跑出一步，就是更好的前进。

张展晖　跑步教练,《跑步治愈》作者

「跑步是孤独而艰辛的历程。
漫漫前路不时让我感到焦虑。
但也因此，
跑完全程的欢欣和成就感无与伦比，
这与人生相通。」

——大迫杰

2018 年，美国博尔德
大迫杰拍摄

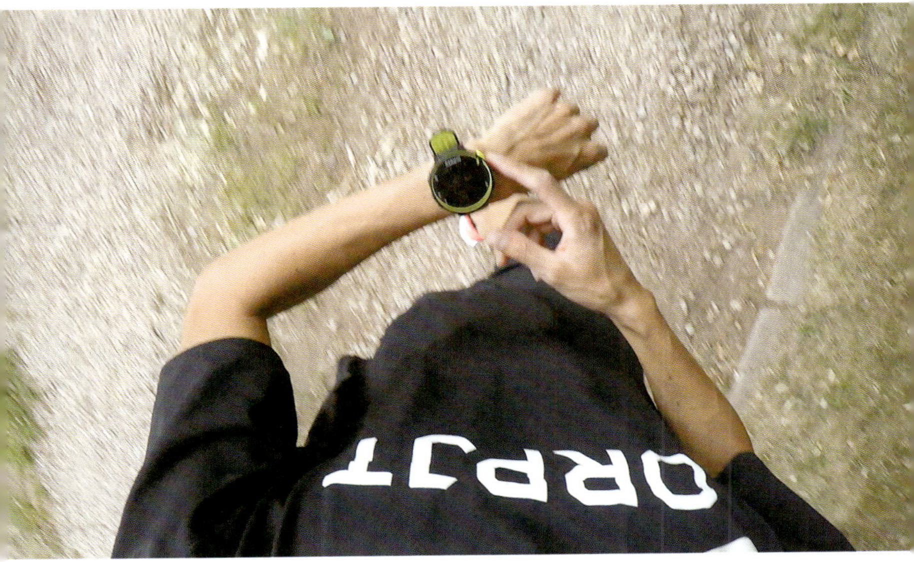

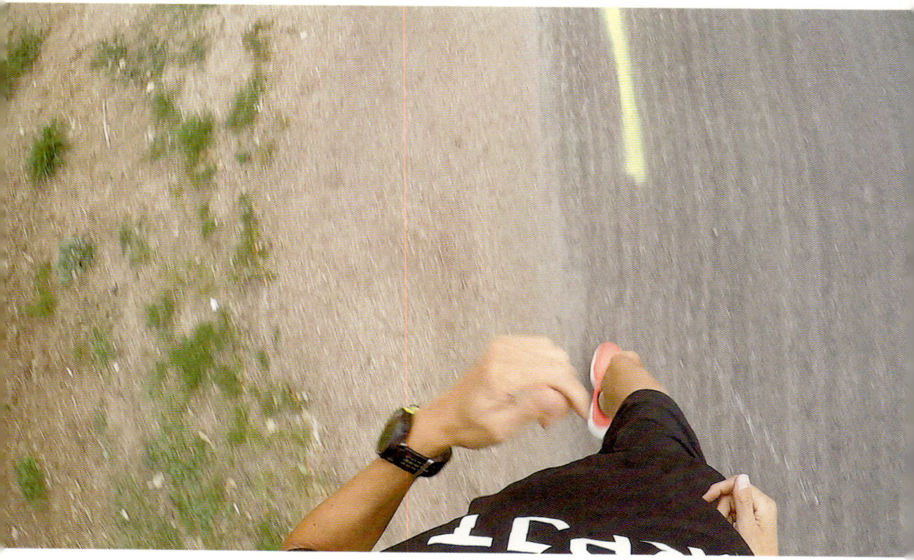

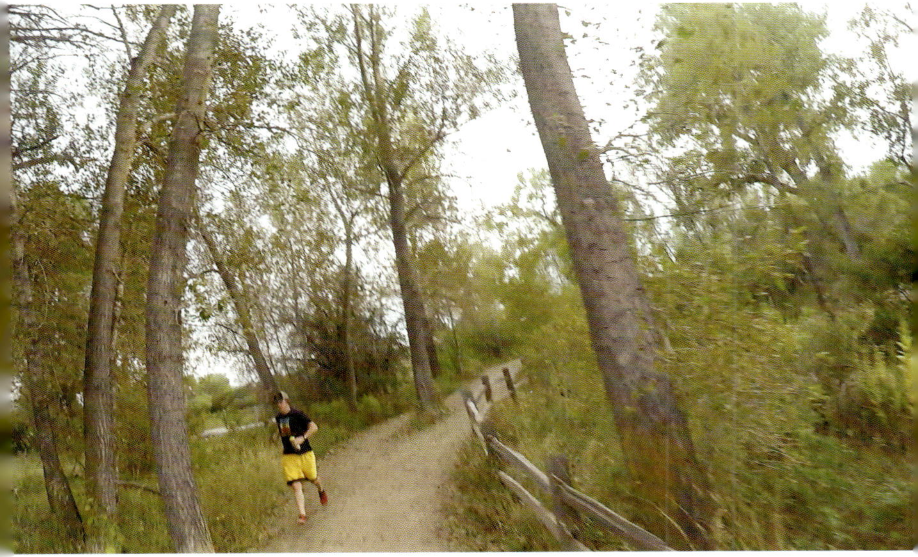

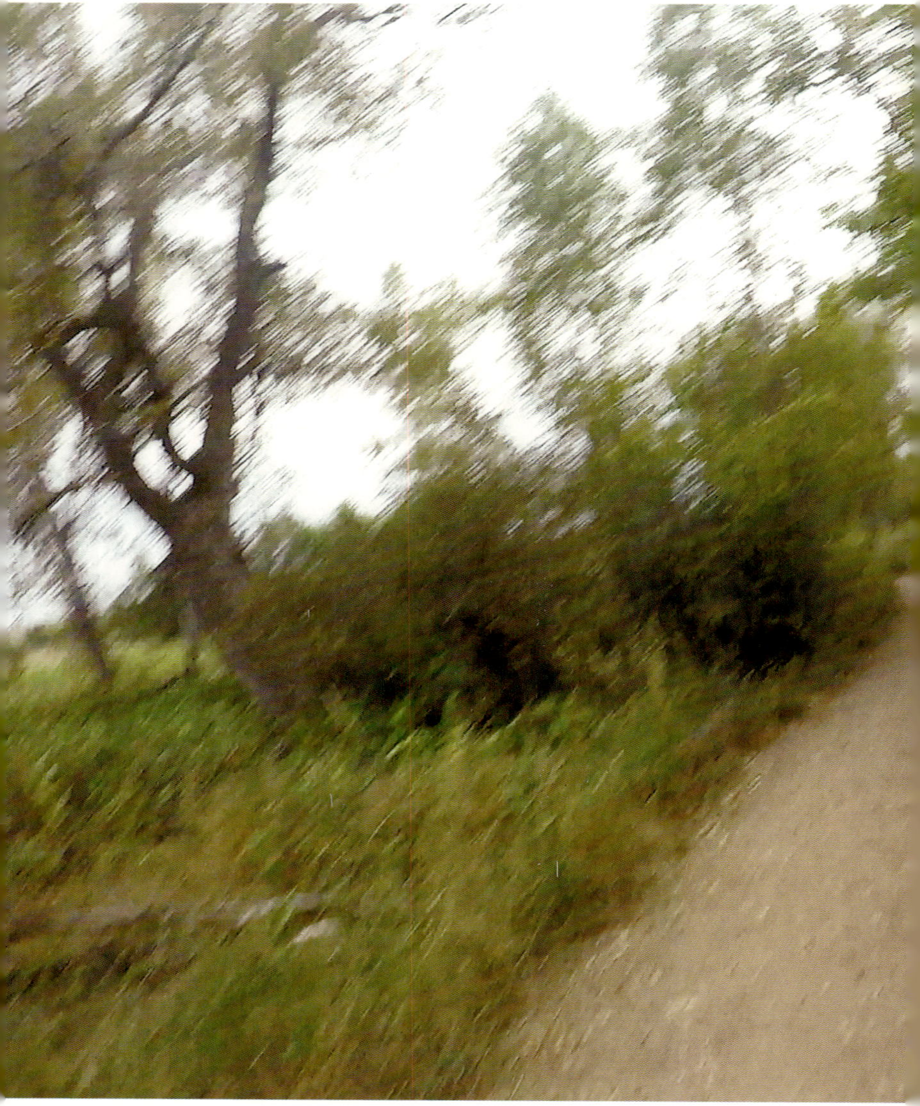

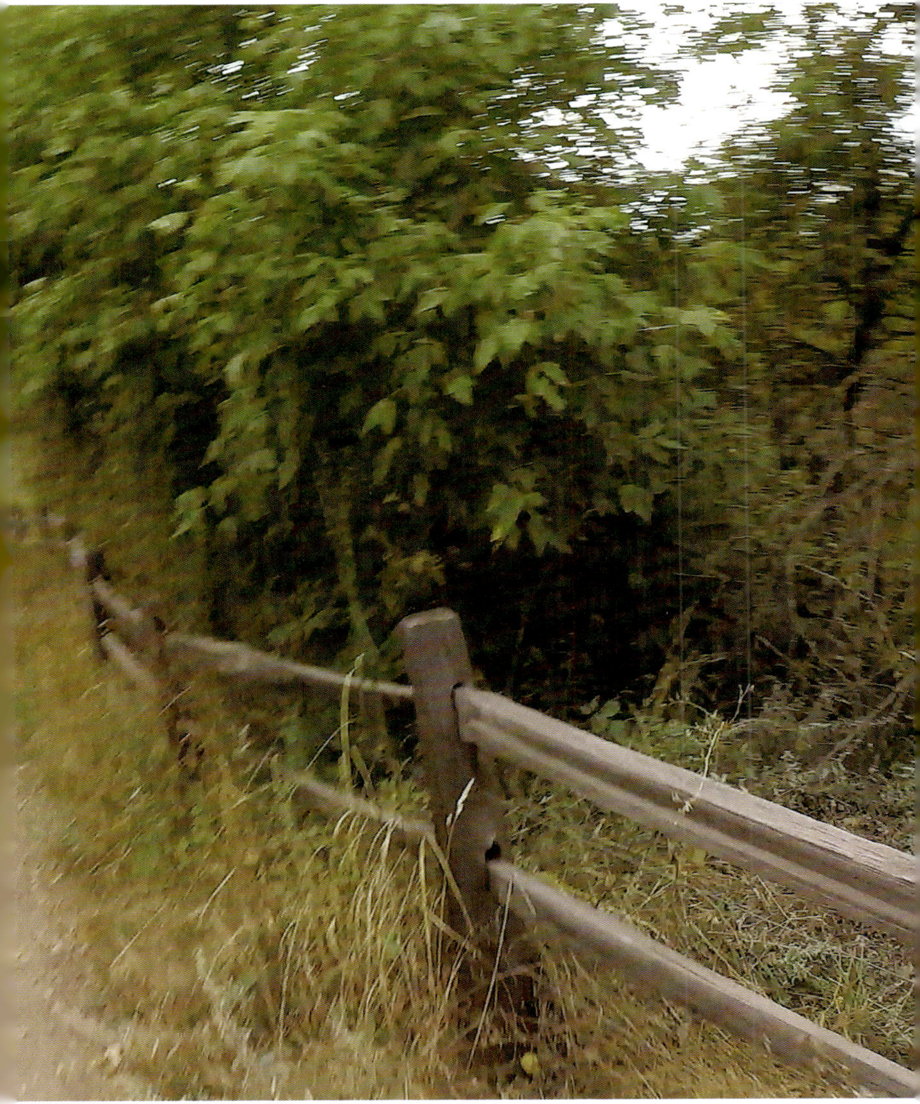

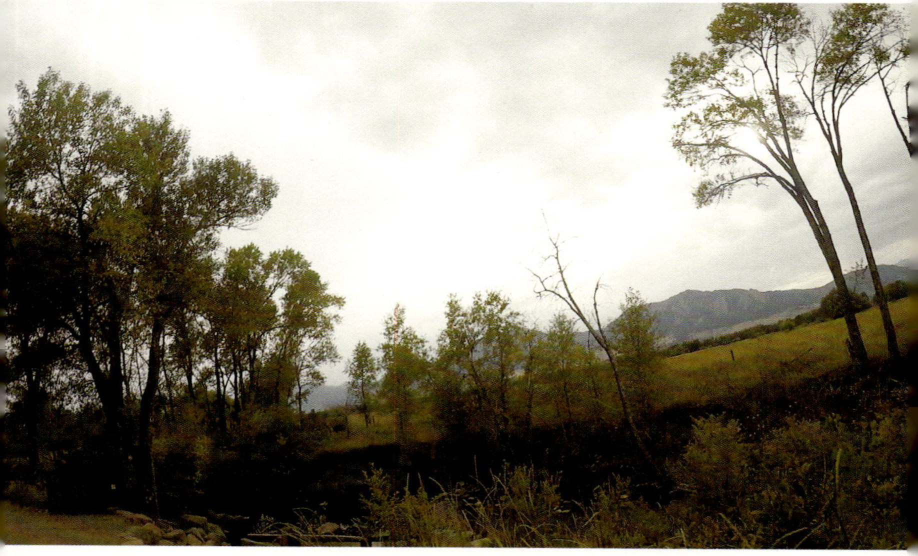

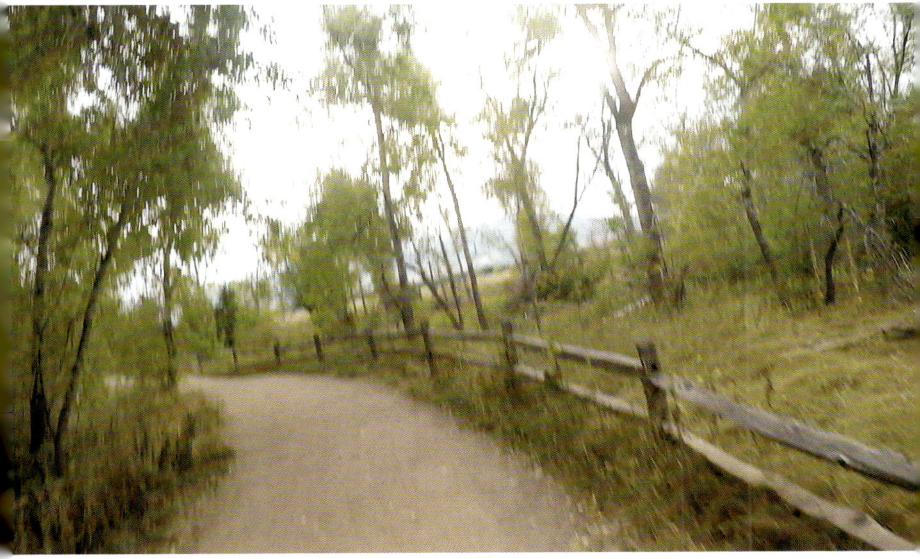

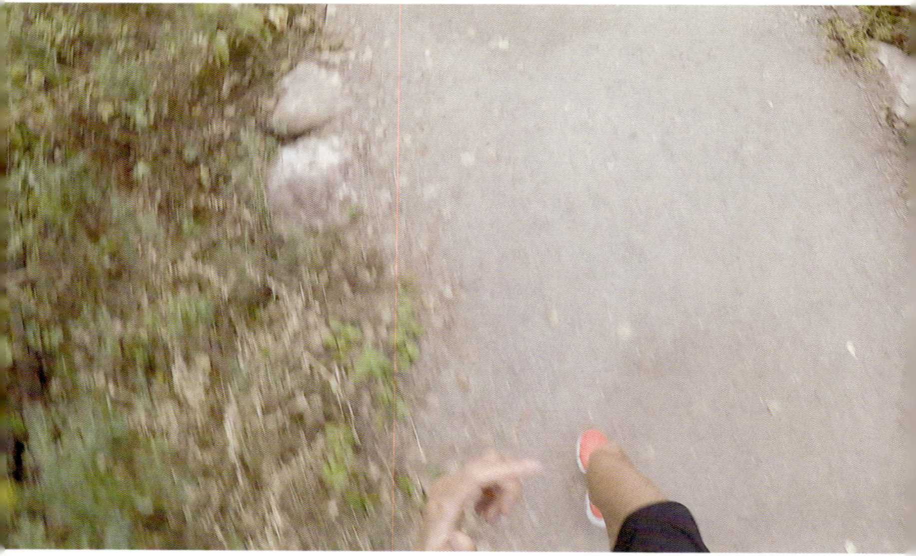

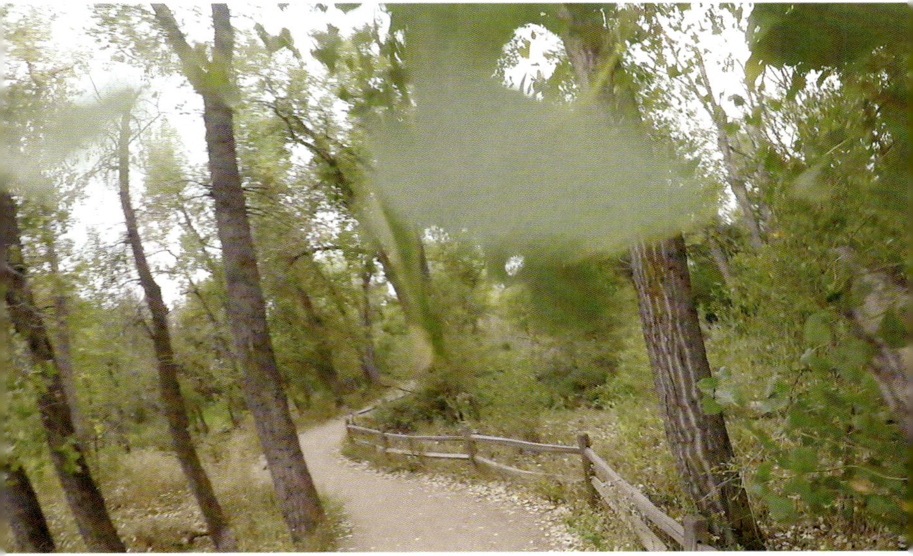

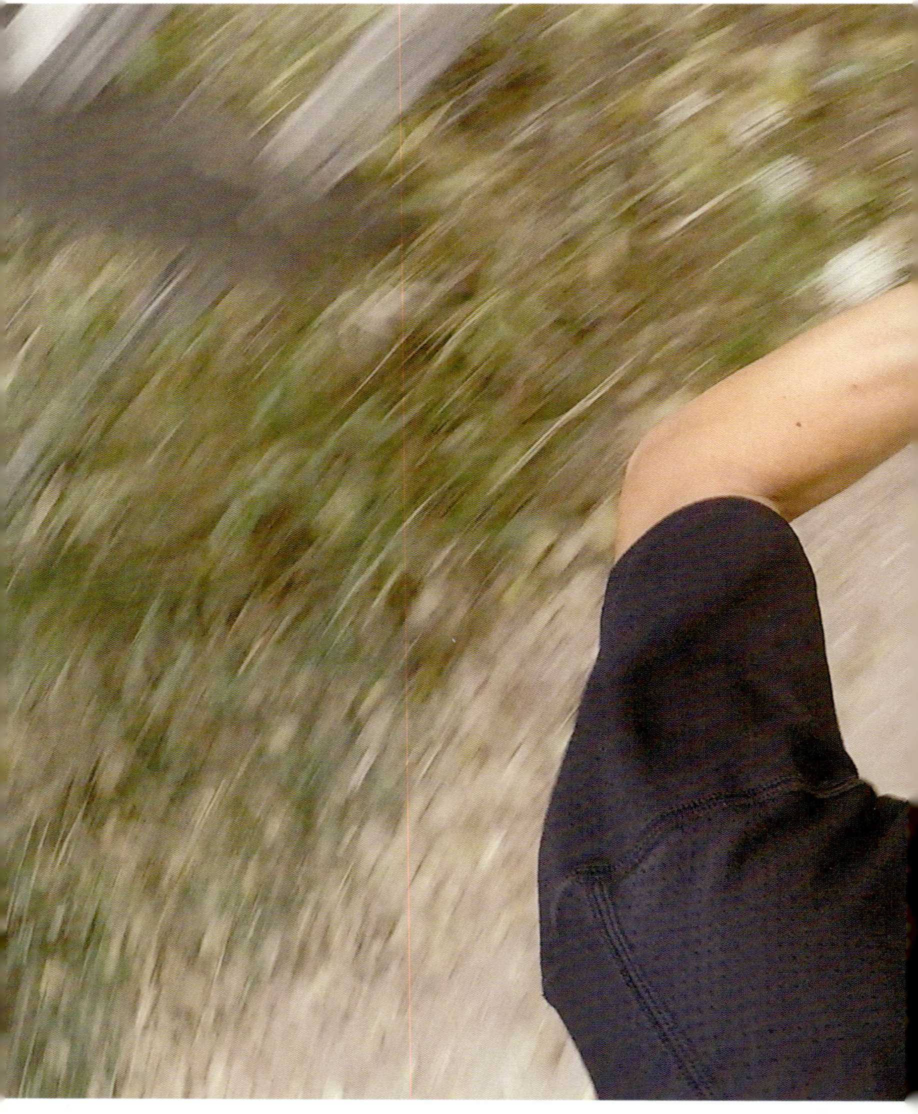

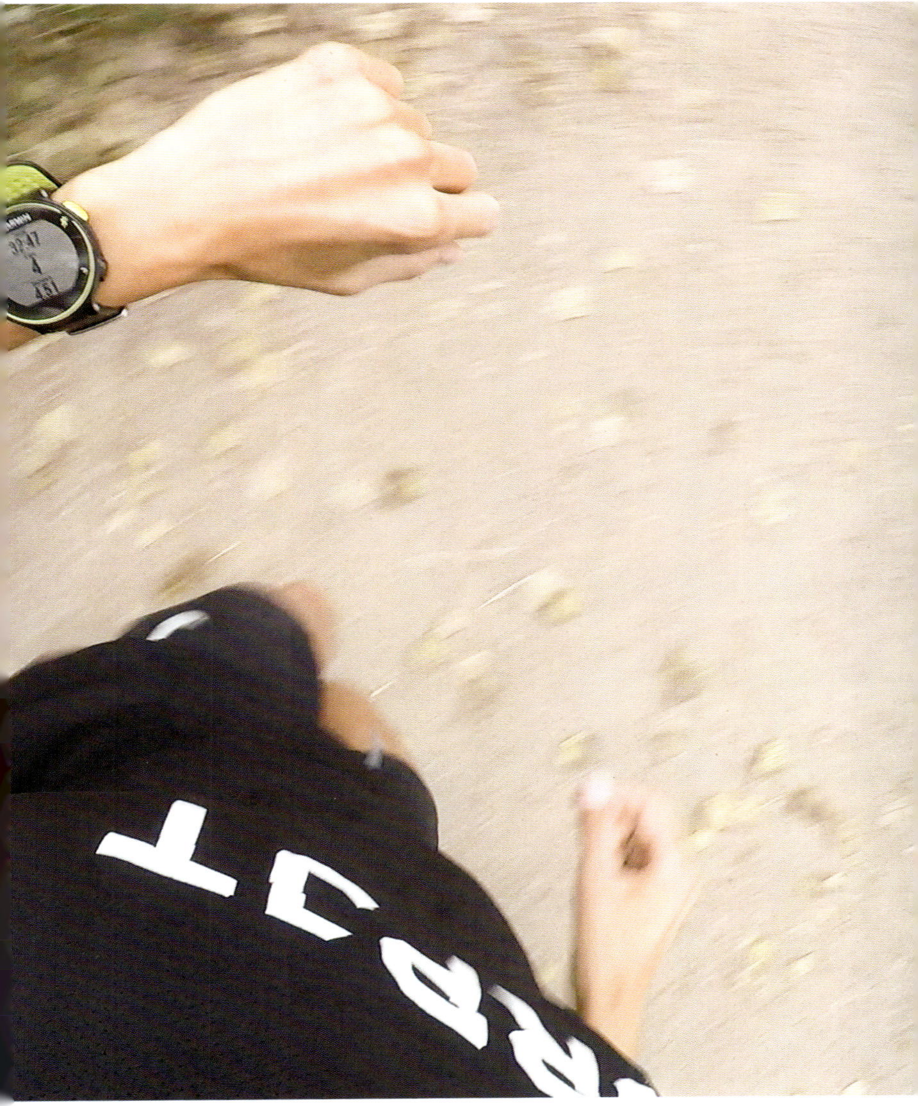

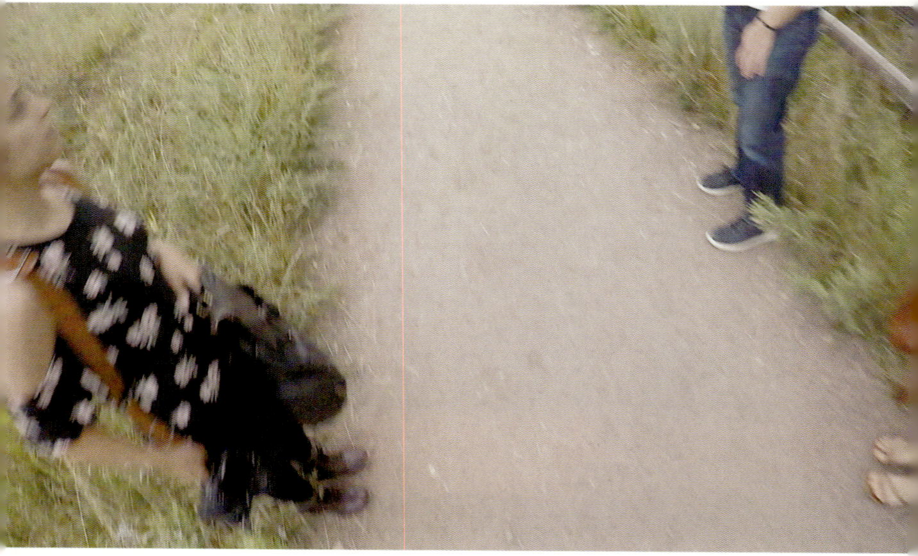

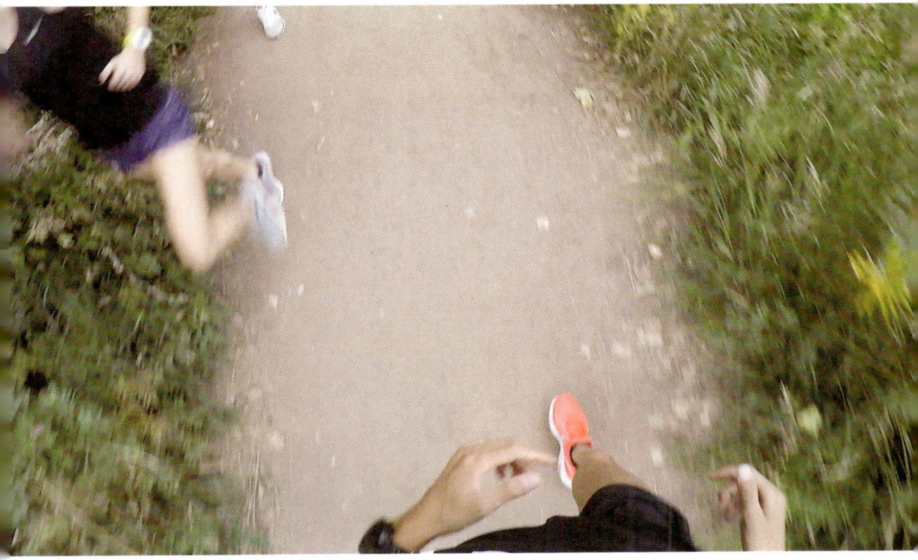

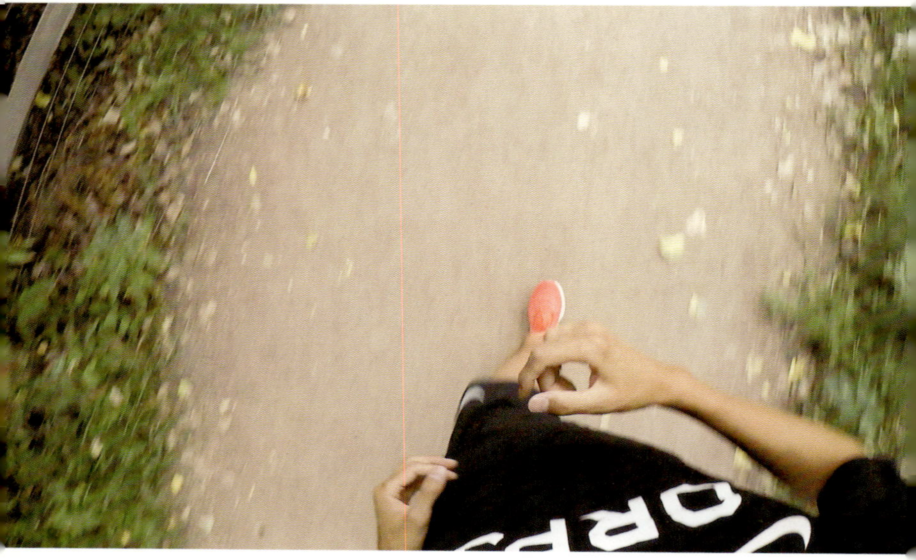

摄影：松本升大
策划：林田顺子
装帧设计：番洋树
排版：every think

105　关于力量训练

109　掌控不安

117　别给自己找借口

129　关于立目标

139　**执着于第一**

141　给孩子们的话

147　给家长们的话

153　**与 42.195 公里相处**

157　终章　奔跑，烦恼，然后发现的事

177　对话大迫杰：解答大家的疑问！

目录

XXIII 序言

001 选择自己的路

011 所谓跑马拉松

023 学会接受所有结果

049 **关于恢复体力与睡眠**

053 变化环境中的生存能力

061 积累『当下』

069 保持坚定意志

076 **关于饮食**

079 尊重对手

序言

我的人生中,有很长时间是在跑步中度过的。最初只是单纯地享受跑步,希望跑得比其他人快。但跑着跑着,我开始碰壁,有时会感到不甘,有时受困于烦恼,甚至感到痛苦。不过,随着继续奔跑,我找到了跨越这些障碍的方法。

跑步是孤独而艰辛的历程。漫漫前路不时让我感到焦虑。但也因此,跑完全程的欢欣和成就感无与伦比,这与人生相通。

马拉松教会我许多事情。要想跑到终点,就要重视前行的过程,这是我从马拉松中领悟到的道理。奔跑能让人从泛滥的社交网络和爆炸的信息中抽离从而获得自由,重新审视自身，倾听内心的声音。马拉松让我学会独立思考，自己寻找问题的答案，这都是马拉松的魅力所在。

通过耐克"俄勒冈计划"，我学会了征战国际赛场的必要技能，也与彼得·朱利安教练建立起相互尊重的关系。

我不喜欢回首过去，也几乎没有关于比赛的回忆，因为我认为这没有意义。但我试着在创作这本书时，再度审视自己，回顾我一路跑来的所见所遇，以及我之所以成为我的要素。

当然，我所得的答案不尽然正确。有时我会认为自己很失败。或许再过些年，我的想法又会截然不同。但我相信，持续审视自身所得出的答案，会成为自己的养料，绝非无用功。

正因为深知如此，所以无论今天还是明日，我都将继续奔跑。

选择自己的路

自我年幼时起，父母就对我说："自己的事，最后还得自己拿主意。"高中择校时，父母和老师都对我说："要亲自去看，再自己做决定。"就结果而言，我认为我当时做了正确的抉择。

不少人认为，我是因为入选了耐克"俄勒冈计划"，才得以选择不一样的道路。其实，我只不过一直都会选择对自己来说最好的道路而已。在我看来，出乎意料的反而是，许多人都没能走上自己应该走的道路。

小学的时候，我受好友的邀请打过棒球。但每年，我都会参加当地的马拉松大赛，渐渐觉得跑步更能带给我快乐。升入高年级后，我已经将马拉松大赛看得比棒球大赛更重要了。

初中时我想练习田径，但在我入学时，母校町田市立金井中学还没有田径部。于是我加入了一个叫"府中AC"的俱乐部，一直在那里练习。初一那年夏天，我得以加入八王子市立第四中学的田径部进行练习。升入初二后，母校的田径部成立，但自夏天开始，我同时加入清新JAC俱乐部进行练习。清新JAC俱乐部位于江户川区，距离我家单程需要约1个小时，因此我到家时通常已经是晚上9点，有时甚至超过10点。在离家更近的地方也有田径俱乐部，但我更希望自己所在的俱乐部里有旗鼓相当的选手，所以尽管往返路途遥远，我也浑然不觉辛苦。

当时我年纪还小，记忆不是太清晰。但那时因为学校没有田径部，我一度差点儿没能参加官方比赛，为此真是经历了不少困难。因此，能有其他学校的老师让我参加练习，愿意为我参加比赛出力，父母与学校也协力为此斡旋，实在让我感激不尽。

我当时很清楚母校没有田径部，也认为就算没有学校的支持，自己依然能努力练下去，但那时毕竟孩子气，还是更希望有同伴与自己一起练习。因此在母校的田径部成立后，我开始了以母校的田径部活动为主，同时在清新

JAC 俱乐部做重点训练的生活。

那时的顾问老师很好地管束着我，时至今日，我仍对此非常感激。我一度既在学校田径部进行着高难度练习，也没落下八王子市立第四中学的训练，还参与着俱乐部的团队训练，每周有三四天都在进行高负荷训练。老师在得知我的情况后，告诫我："这样下去你会垮掉的。暂时先以自己学校的练习为主，要平衡好各个社团的活动。"但将重点练习由一周四次缩减到两次，还是让我有些不安。老师没有要求我"能练则练"，反而教导我"别练太猛"。印象里，我当时迫切地想要练习，却只得抑制欲望，为此还哭过。但对初中生来说，老师是不可违抗的权威，所以我遵循他的指示，没有再偷练过。亏得这样，我才没有受过重伤，一直跑到了今天。

初三时我创造了东京初中生 3 000 米跑的纪录，因此升学时，接到了好几所高中的邀请。最后，我选择了位于长野的佐久长圣高中。

之所以选择佐久长圣高中，是因为我想要来些更动真格的训练，对比较宽松的环境还是持怀疑态度。其他学校的训练氛围也未免有些过于宽松。我希望训练能够严格一些。

或许，这也是受到了小学时棒球部教练的影响吧？他曾经对我说过："迷茫的时候，选择看起来比较艰难的道路就好。"

站在择校的十字路口前，顾问老师这样对我说："把你想知道的关于每所高中的事儿，都认真写在纸上，然后自己打电话去问个清楚。"当时的中学生纪录保持者就读于佐久长圣高中，但那时他并没有参加比赛，因此流言四起，我决定直接打电话问问："那位选手最近没有参赛，是发生了什么情况吗？"

拒绝那些录取了我的学校也是我自己打的电话。从那时起，我就学会了不能随波逐流，盲从别人的意见，要自己做决定。某所高中的指导员接受星探的意见，邀请我去参观，单独与我在外会面时，对我也非常友好。但当我在电话中表示"我还是决定去佐久长圣高中"时，他居然对我说："别觉得你翅膀硬了。"当时我还是中学生，因此大感震惊，同时也觉得这个人"嘴上对选手说着好话，实际上只考虑自己"。虽然这在那时是段可怕的经历，但现在我只觉得这也是宝贵的经验。

高中毕业后，由于想加入日清实业跑团，因此我向两角速老师（现任东海大学田径竞技部指导）表达了自己的愿望。之所以想加入实业跑团，是因为我听说当时青森县山田高中的同龄选手田村优宝加入了实业跑团。在那个时候，实业跑团的实力比大学还要强劲，我担心他会比我成长得更快，抱着不愿输给他的心情，我也希望进入实业跑团训练。两角速老师看穿了我的这点儿小心思。我至今还记得他当时对我说的话："别人的决定能影响你的决定吗？再说，上大学也有好处，有许多东西是只有在大学4年才能够学到的。别焦虑，慢慢来！"虽然两角速老师建议我去东海大学，但我最终选择了早稻田大学。

当时我也说过，我并不喜欢接力赛——虽然我也知道接力赛这个项目有它独特的魅力，但接力赛中闪光的不是个人，而是学校，因此从以前到现在，我都对接力赛有种印象，即在接力赛中，选手更像是用完就抛的工具。也是因为这个，我并不是很想去那些只专注于接力赛的大学。当时早稻田大学拥有许多实力强劲的选手，能够给我许多挑战，最终我选择了它。不过，虽然我高中时就清楚地知道，我的未来并不在接力赛上，但我并不知道自己接下来具体应该以什么为目标，走什么样的道路。

大学一年级参加世界田径锦标赛男子10 000米时，我以被冠军甩开一整圈之差落败。那时我深切地感受到："这样下去可不行。"此后我在田径部原定训练计划的基础上,增加了跑圈的次数,并且开始尝试自主提高速度。

但我对训练的看法真正产生巨大的改观,是在大学三年级参观"俄勒冈计划"之后。为了变得更强,我想要在那里训练,因此我常常定期前往美国波特兰。毕业后,我加盟日清旗下的实业跑团,同时也正式得到加入"俄勒冈计划"训练的许可。我与日清集团的合同每年更新,因此我决定次年就离开实业跑团,加入"俄勒冈计划"。日清集团非但没有对当时希望转投世界顶级队伍的我说"不",甚至在我正式转投俄勒冈前的一年里,允许我同时在日本与俄勒冈两处注册,并给予我许多帮助,时至今日我仍然对此心怀感激。此外,虽然对我来说,接力赛的赛季算不上什么美好回忆,但在大学里我依旧结识了各种各样的人,很庆幸当时选择了进入大学。

从事竞技行业的人,常常会遇到坎坷。不过世界上没有能让所有人都满意的选项,听从别人的建议所做的选择对自己而言也不一定都是最理想的。当然,我也会参考别人的意见,这些意见在某些程度上也有其价值,但我所恪守的底线是,最终决定得自己来下。

我在做选择时,常常会考虑究竟如何才能让自己变得更强大。作为王牌，我常常处在受周围人追捧和赞美的环境中，这样的环境也会让人在大多数时候感到舒适且轻松。但这样的环境会在不知不觉间滋养人的傲气，最终让人停滞不前。我认为对我而言最佳的选择是加入自己不得不更加努力才能跟上其他人的队伍，"俄勒冈计划"也是如此。

所谓跑马拉松

跑马拉松改变了我的思维。

田径赛 80% 靠的是体能，而跑马拉松时体能只占大概 60%，剩下的 40% 考验的则是人的精神力量。

身体有极限，无论如何锻炼，能够达到的最快速度都大抵有个限度，有些因素自己无法掌控。但心理状态不同，即使再困难，只要自己想掌控就能够做到。我在马拉松中发现了自己与全世界对抗的可能。尽管我曾打破日本的马拉松纪录，但要说我是否能在 10 000 米比赛中有同样出色的发挥，我认为这很困难。虽然 10 000 米赛跑和马拉松都是跑步，两个项目有共通之处，但马拉松并不仅仅是身体上的对抗，其中有些我也无法言状的构成要素，我认为这正是马拉松这个项目的魅力所在。我并不知道肯尼亚或是美国的选手在心理训练方面下了多少工夫，但我总在这方面尽我所能。

训练时，你可能会感到吃力。或许这样说让人觉得有些奇怪，但是在这种时候，我都会把大脑与身体分开考虑——感到吃力的是大脑，而不是身体，所以我会尝试不让这种吃力在身体上表现出来。就算偶尔露出吃力的表情，我也会让自己看上去尽量保持在放松的状态，让思考与身体分开。仅仅是这么尝试一下，都会让我觉得勉强的感觉消失了。通过这种努力，我的跑步成绩甚至能够变得稍微好一点儿。"吃力"是一种极其主观的感受，经过冷静的思考，稍微分析一下这种吃力感的来源，身体就会做出回应。"现在感到吃力的到底是哪儿呢？是呼吸吗？还是大腿？大腿的什么地方呢？"这样问问自己，你就会发现原来并非真的身体的所有部位都感到吃力，跑步也会变得轻松一些。

在日常生活中，我并不会特别深入地思考什么事情，反而常常发呆。因此跑步很自然地就会变成一个思考的过程，每天跑步90或100分钟，就免不了会想这段时间应当怎样度过，跑步可以创造出一个没有任何人介入的专属的思考空间。现在这个时代，我们不仅要面对烦琐的日常生活，还要面对社交网络上充斥的嘈杂信息，很难有属于自己的时间。但只要开始长跑，就能将所有事情抛诸脑后，我认为，长跑是我人生中类似圣域的部分。

因此我喜欢在练习中边跑步边反复思考，思考回家以后做些什么，诸如此类不着边际的事情，这时候身体就会无意识地机械运动起来。在跑步的过程中，不要去想跑步本身，下意识地让身体保持机械运动，这对于练习来说很有意义，而且只要花时间练习就能做到。

比起参加马拉松比赛，我认为在日常的练习中渐渐感悟到的东西更多——不要好高骛远，珍视训练中的每一个瞬间、每一个片段，像完成一幅拼图一样重视每一块碎片，这就是马拉松练习；将每一日所得认真消化，并且持续进行与上一次同等或是更高强度的训练。我是在开始马拉松训练以后才领会到如此认真面对自己的重要性。成绩并不会因为提升训练的质与量而突然提高，但仍然应该持续训练，这样的过程不但重要，这样的每一天也带给我比田径练习更多的感悟。这大概也是因为长时间面对自己吧！

马拉松追求的是忍耐力强与坚韧的跑法，我认为这项运动十分适合日本人。看到过去在奥运会中获得优胜的前辈们的身影时，我不禁想，能够进行强度超越人们想象的练习，正是日本人的优点所在，前辈们拔高了日本人的上限。比如，我在得知濑古利彦先生的练习强度后，就会开始思考自己现在的训练量是否真的足够，这会变成强大的动力。话说回来，我发现如今忘记了这点的选手也不少。具体能够做到什么程度姑且不谈，但是如何进行训练，取决于选手认为自己已经达到每月跑步距离的极限，还是觉得自己能够做得更多。

因为自己已经付出了所有努力，所以站在起跑线前时，我能够进入一种积极的紧张状态。无论比赛结果是好是坏，这一路我都毫不妥协地走过来了，因此只要站在起跑线前，我就有成就感。当然，对于比赛是否能够顺利进行，我也会有些怀疑，但更多的是享受。为了比赛，我内心日日做着斗争——今天我又如此战胜了自己，坚持做了那样的练习，忍受了诸如此类的痛苦等。站在起跑线前时，我心中只剩下一种声音："我战胜了一切，只为站到起跑线前，接下来只需要再跑 42.195 公里，快速跑完，终结这场战斗吧！"也因为这样，站到起跑线前对我而言，本身就是一场胜利。而在比赛当天，我究竟是只能带走这一场胜利，还是取得更加美妙的成就，就交给比赛来决定。哪怕是在

2019年东京马拉松赛上退赛，我也不会让这种成就感褪色。就算结果不甚理想，这种成就感也不会消退，这是我的另一大收获。

马拉松比赛开始后，我通常不会过多考虑前半程，而是尽可能有意识地将力量节省下来。

如何将力量一点一点地释放出来，对于马拉松这项运动来说很重要。站在起跑线前的选手就像一个装满的杯子，必须将饱满的力量逐渐放出。如果每有一个选手追上自己就着急加速，只会迅速消耗自己的体力。因此，我总会在开始时放慢脚步，不让自己在一开始就脱颖而出。即便比赛中出现状况，我也可以追到先头部队的中间位置，喘一口气并对状况做出反应。重要的是在比赛中与自己的身体进行对话，让自己保持仍有余力的状态。无论其他选手是否超过了自己，我都只考虑剩下的距离。即便他们在200米内争取了4秒的时间，我也只需要在1 000米中提高4秒。我时刻谨记从旁观者的视角冷静地分析比赛，几乎只全神贯注于自己的节奏，不考虑其他事情。在环顾周遭选手并冷静地分析比赛的状况后，我会再度专注于自己的步伐，并在比赛中不断重复这样的过程。如果眼前的每一个状况都着急处理，一定会用力过度从而导致脱力，所以我认为只需要专注于自身，考虑接下来如何发力。在马拉松比赛中，配速员并不一定能够稳定发挥作用。跑马拉松会受到各种因素的影响，因此在跑步时不需要想太多，更重要的是结合比赛的进程考虑如何保存力量，让自己能够跑完 35 公里、40 公里。

在被先头部队拉开距离或者错过补水时，选手必然会感到焦躁，也可能会因此过度用力。但这种时候我会深呼吸，让自己冷静下来。虽然我也会迷失，但一旦做出决定，就不会再对已经发生的事情耿耿于怀，只会考虑接下来应该怎么做。保持积极乐观与平常心很关键。这种战术让我在首次参加马拉松比赛，也就是波士顿马拉松赛（2017 年 4 月）时就跑出了好成绩，登上领奖台，因此我认为这种战术与我相当匹配。

能够培养出这种独立解决问题的能力，也是马拉松独有的魅力吧？在团体运动或日常生活中，大部分的问题能够通过人际关系解决。而在马拉松中，一个人奔跑的时间更长，所以不得不自己考虑解决问题的方法。虽说这也是马拉松的一大魅力，但有时我会想，这项运动是否也会让人丧失社会属性呢？（笑）不过对于现在的我来说，这种失去也是必要的。

在马拉松中，有"30公里、35公里是两道坎"一说，话说回来，在10 000米的比赛中跑到8 000米之后也会感到难受，但没有"8 000米是道坎"的说法。无论是什么竞技项目，最后阶段一定都会让人感到艰难，这未免让我觉得人们对马拉松的看法有些过于夸张了。只要此前还留有余力，35公里之后的赛程也能出乎意料地轻松跑完，而且并不会有身体的临界感。所谓"坎"，我觉得实在是有些夸张。

当然，42.195公里会给人距离太遥远的感觉，但在马拉松中，只要怀着明确的信念，就能够保持一定的速度。

尽管我也有过觉得辛苦，想要放弃的时候。在这种时候，我会在心中对自己说："练习时我都赢过来了，既然跑过了这么长的距离，剩下的一点儿也不是问题。"我总是尽可能往积极的方向考虑问题。

在比赛中，与业余组选手不同，我几乎不会看沿途风景。不如说，由于跑到忘我，我甚至时常忘记自己正在赛道上参加比赛。不过我倒常常会注意到一些无关紧要的事情，比如选手川内优辉碰倒了补水点的水瓶，选手铃木洋平引人注目的金发等。（笑）

马拉松教给我的另一件事是，路程再长，前方总有终点。跑完马拉松后的成就感与其他竞技不一样。不只对于业余组选手，对我们专业选手来说，到达终点同样值得欣喜。虽然不确定最终能否获得名次，但跑马拉松的过程中，至少能够获得足够长的时间面对自己，到达终点的瞬间一幕幕在脑海中浮现，跑完全程的喜悦更是无与伦比。或许这就是大家参加马拉松比赛的原因吧。在繁忙的工作中抽出时间进行严格练习，禁酒，减少休闲的时间，忍受辛苦的训练，历经种种艰辛最终跑完全程，任谁都会感到兴奋。每个马拉松跑者都能够体会那一瞬间的甘甜。

不过我认为日本人太过看重成绩。马拉松选手的速度会受比赛当日的风势、气温等因素的大幅影响。最近人们的目光都集中在鞋与前脚掌跑法上，其实影响马拉松的主要因素远不止这些。比赛成绩会因为穿了合适的鞋子提升，也会因为风势或者天气的影响下降。因此，有意识地跑在队伍后方，降低风带来的影响，并减少自己的能量消耗更加重要。当然，我知道近年来跑步鞋取得了长足的发展，但我还是想说，我是靠自己的力量跑过来的。此外，我认为业余组选手也没有必要这么在意时间。

马拉松的确是一场艰辛的历程。但对我来说，因为无可逃避，所以只能直面。马拉松的优点就在于此，与我们的日常生活相通。生活中也有哪怕不情愿也不得不做的事情，当事情摆在面前，我们无法逃避，或者说也不愿意逃避时，面对它就好。对我来说，所谓跑马拉松就是这样。

学会接受所有结果

在我看来，马拉松比赛中最重要的是保持纯粹，舍弃多余的东西。所谓不测，不就是因为预测太多才会超出想象吗？当状况发生时，如果怀有坦然接受、随机应变的自信，那么这些状况也就称不上不测。不要将事情想象得太过复杂，状况不过是一起突发事件而已。何况想了那么多，其实多数时候也并不会发生什么状况。因此说得极端一点儿，道理很简单，"想也没用"。

取得成绩时，我会有成就感。但对于结果，我怀着这样变通的态度——成绩优秀固然好，如果不甚理想，那也是没有办法的事情。没能取得成绩时，自然会有许多外人的闲言碎语，甚至有些批评。但因为我已经用尽力气，所以我很自信，在遭受批评时，也能够说："我已经尽力了，没有办法。"因此，就算比赛结果不理想，我也不会消沉低落，只觉得要毫不妥协地一次次继续练习，坚持战斗，下次一定能够取得更好的结果。说到底，比赛不过两小时左右就会结束，而我为了比赛这一天所做的努力，远远超出这两个小时，其间取得的进步也会成为我的养分。这是马拉松比赛中重要的一环，也是这项运动的魅力所在。

但我并非无所不能，有时候也会不知所措。2019 年的东京马拉松赛让我深切地体会到这一点。

在那次比赛前，我一遍又一遍清理自己的大脑，让思想更加纯粹，也有自己能够跑出好成绩的感觉。而实际上，我渴望在东京马拉松赛上对东京这片土地、对媒体的追捧以及对周围人的期待做出回应，因此没能让自己保持纯粹。我参加过许多比赛，大多是在美国举行的，也参加过福冈国际马拉松等在日本举行的比赛，这些比赛都不如东京马拉松赛那么受人瞩目，因此我能够放松地跑完。

我本就是比较在意他人目光的性格。因此为了避免被人们猜测成绩，认真面对比赛，我前往美国训练。我自认为在美国生活期间，我学会了更好地掌控自己。可真正回日本以后，围绕在身边的许多言论，他人对自己的种种期望，总会让我备感在意。回到日本这样的环境中，融入这样的氛围，我又变回了最初的那个我。这并不是说我迷失了自我，我还没敏感到有些许压力就迷失的程度（笑），现在回想起来，东京对我来说比我想象的更有分量，在东京比赛让我感受到无法言喻的亢奋。田径赛也一样，每当我过于在意比赛结果时，在比赛中取得的成绩就不算理想。在2017年世界田径锦标赛选拔赛暨网走市北联距离挑战赛上也是如此，当时我满心想着要突破平均纪录，结果失败了，在东京马拉松赛上也是如此。

当我站在东京马拉松赛的起跑线前时，我感到心满意足。此前，我经历了许多艰难的训练，并且跨越了这些艰辛。在训练时，我常常会放弃自己的私人时间，忽略许多事情，始终保持饥渴感。这并非自我陶醉，但我确实在训练中做出了巨大的牺牲并全力以赴，放弃了种种娱乐，沉浸于自己的世界。在东京马拉松赛之前我也是这样练习过来的。虽然最终退赛，但在退赛的那一刻，我仍感到酣畅。虽然不得不退赛多少也会不甘，但我当时更多的是感到舒心，诸如比赛结束了，终于能与朋友聚聚了，等等。但身边的人似乎并不能理解我的这种想法，随着时间的推移，我也有些丧失了信心。

我自然希望在东京马拉松赛上创造新的纪录。但我是否并没有像大家期望的那样，将比赛看得很重呢？比赛结束后，我的心思马上从比赛中转移开来，对此我也感到自责。在比赛前，我是否就想尽快结束比赛，对自由的渴望已经超过临界点，并且表现在比赛中了呢？我开始烦恼，是否是因为这样，才造成了退赛的结果呢？

关于这次退赛有许多争论，到底是因为我变弱了，还是单纯体力跟不上了，抑或是退赛是合理的判断，众说纷纭。从社交网络和身边人的意见来看，有人认为我这么做很合理，也有人持负面态度。其实，我自己心里也很矛盾，对自己的肯定与对自己的怀疑不断交锋，自己是否因为是日本马拉松纪录保持者就缺乏动力，不够努力了呢？

最初，我向彼得教练及信任的工作人员讲述了这种矛盾。我向他们传达了自己的所有想法，譬如我本应该放宽心进行练习，这次却感觉连跟上比赛进程都很勉强；以及我是否还是太过软弱等。但他们这样告诉我：“你在练习中这么努力，就说明你为比赛拼搏过了。站在起跑线前就是这场战斗的胜利。之所以中途退赛，是因为前半段在下雨，你的速度也比较快，以及天气寒冷等才有了这样的结果，这并不是软弱的表现。既然可能无法在 2 小时 10 分钟内跑完全程，那么考虑到避免伤病，退赛也不是什么大不了的事情。"他们的话真的让我受益良多。我与他们聊了许多话题，直到最后，我认为自己克服困难持续进行了艰苦的练习，我意识到为了站在起跑线前不断努力的自己，也终于承认在那样的情况下放弃比赛是一种强大。与自己和解并非恍然大悟，而是一两个月间不断扪心自问，才得出这样的答案，哪怕到如今，我甚至依然不能完全释怀。但无论结果好坏，只有在练习中我才能找回自信。奔跑的时候能够有充足的时间进行思考，我也必须直面比赛结果。在这个过程中，我思考了许多，发现了许多。我也思考面对各种状况时，我能够做些什么，并且开始慢慢地消化这次经历。现在，我已经顺利恢复练习，以良好的状态奔跑，并且渐渐找回了自信。经过了这一事件，我感觉我的胸襟变得更加宽广，有信心下次能够更好地掌控自己。我对彼得教练说，此前我太过顺利就打破了日本纪录，取得了成绩，在MGC（2019年9月15日日本举办的马拉松锦标赛，同时是东京奥运会日本国家队选拔赛）开幕前，有这样的经历是件好事。

此外我面对媒体时也变得更游刃有余。此前我也考虑过应对媒体的方式，但再次思考后，我意识到无论我要如何传达自己的想法，无法理解我的人始终无法理解我。在此之前，我对媒体抱有过高的期望，总是希望将自己的想法传达出去，为了让对方能够理解，我常常试着用更容易理解的言语表达自己的情感，但长期下来也让我积攒了不小的压力。我在意他人的看法，但最终我再次认识到，为我无法控制的事情而感到焦虑没有意义。不管我说什么话，喜欢我的人都会积极地理解我，而不喜欢我的人则会消极地解读我。既然如此，我又何必太放在心上呢？

与媒体的交流或许很重要，但我认为，对于运动员来说，更重要的是不断进行必要的积累，并以在比赛中全力拼搏的形式来展现自己。当然，在媒体上露面不可避免，但我开始意识到，控制个人情感的一大要点，或许是不要太在意媒体的目光，这样能够让自己轻松一些。尤其是现在，我能够直接通过社交网络向支持者们传达自己的信息，也就不必再尝试通过媒体表达一些想法。

退赛后，我在媒体上只做了一些正面的发言。这是因为我如果在媒体上表达了负面情绪，会将自己的软弱暴露在人们的视野之中。我不希望在自己心中还有无法释怀的疑虑时，就站在聚光灯下。毕竟，我也是因为赢得了许多比赛，才终于站在起跑线前。现在我面对媒体时看得很开，既不会有一些奇怪的发言，也不会觉得接受采访时如鱼得水，我认为自己现在面对媒体的态度恰到好处。

另一方面，我很清楚社交网络自有其缺点，即便是不经意间说的话，也会从许多不同的角度被过度解读，最终一发不可收拾。甚至有人会将我的话往对自己有利的方向曲解，利用我发布的消息来炒作自己，我对此也很无奈。

虽然我没有一一回复社交网络上的所有消息，但根据别人提出的意见，我也尝试过发掘自己身上连自己都不知道的一面，也因此扪心自问过。例如我发表的关于日本选手权的言论（有关出场权的那一条），我反复思考，这究竟是只关乎我自身的利益，还是在为今后的田径界乃至下一代呼喊呢？这样的问题将来是否会频繁被提及？又有多少选手在考虑着与我相同的问题？由于是在社交网络上发言，我认为除了自己畅所欲言，能得到周围人的赞同也很重要。当然，每个人思考问题的方式不尽相同，也就笑骂由人吧。但我自认这是对选手们有益的提议，理应有可取之处，才在网络上发表了这一言论。尽管它引发了多方争议，但从结果来看，我认为这是件正确的事，沉默改变不了任何事情。

可能更重要的原因是我人在美国。如果自己依旧隶属实业跑团，那就不得不考虑队伍的问题，还可能会因此遭受多方攻讦。而从我的角度看，就算遭受攻击，只要返回美国训练，我就能充耳不闻，处理起来还算轻松。许多事情，只要想做就能做，这是我待在美国的好处。

时隔三月，再次思考东京马拉松赛事件，我发自内心地觉得，不管他人怎么想，我自己对这件事的看法更重要。哪怕是为了保持今后比赛的动力，我也不能无视这次事件，而是要认真审视来龙去脉。这次的结果也让我更加清楚地认识到自己的弱点，并明确了此后的挑战，我现在只想克服它们，迎接下一个征程。

2012 年，东京箱根驿传

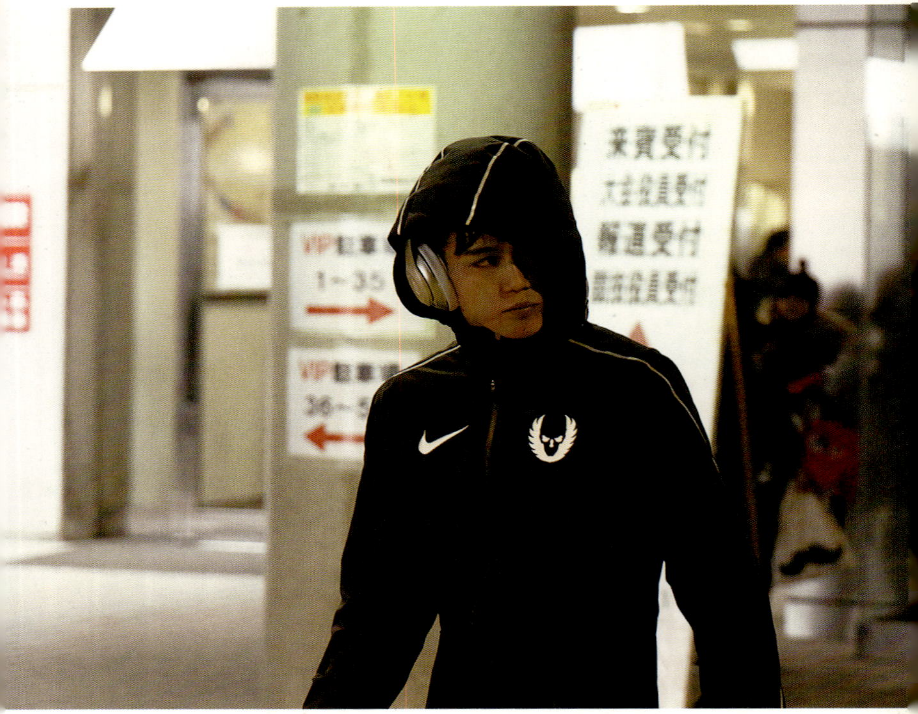
来賓受付
報道受付
1~35

2017 年，日本香川丸龟国际半程马拉松赛

2017年，波士顿马拉松赛

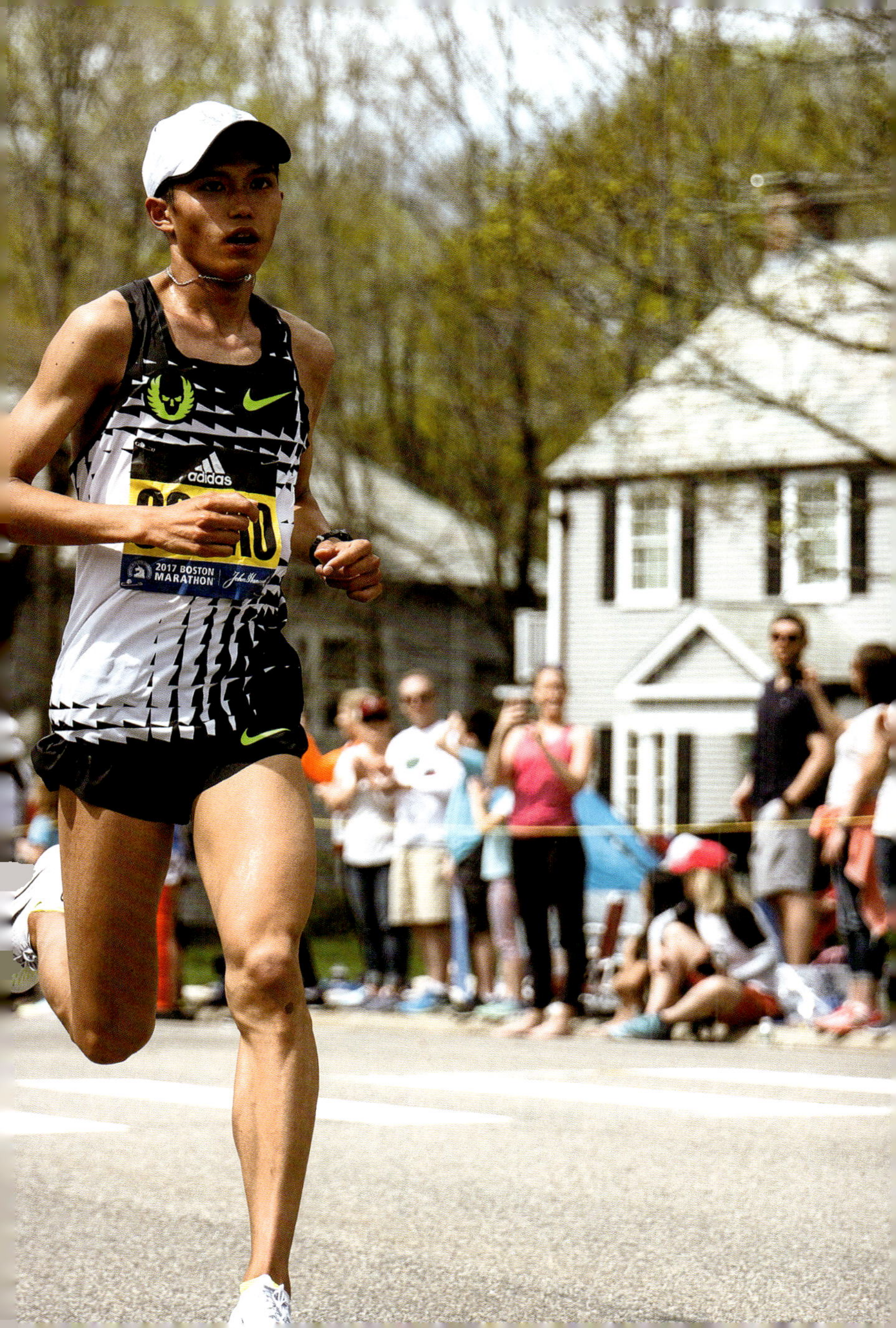
adidas
2017 BOSTON
MARATHON

2017年，福冈国际马拉松赛

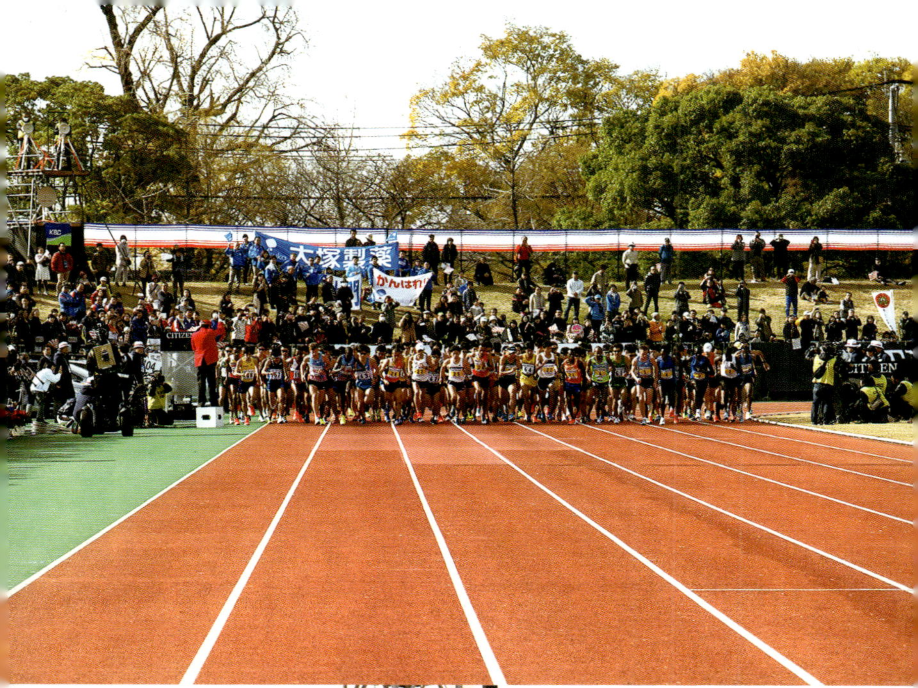
大塚製薬
がんばれ!
CITIZEN

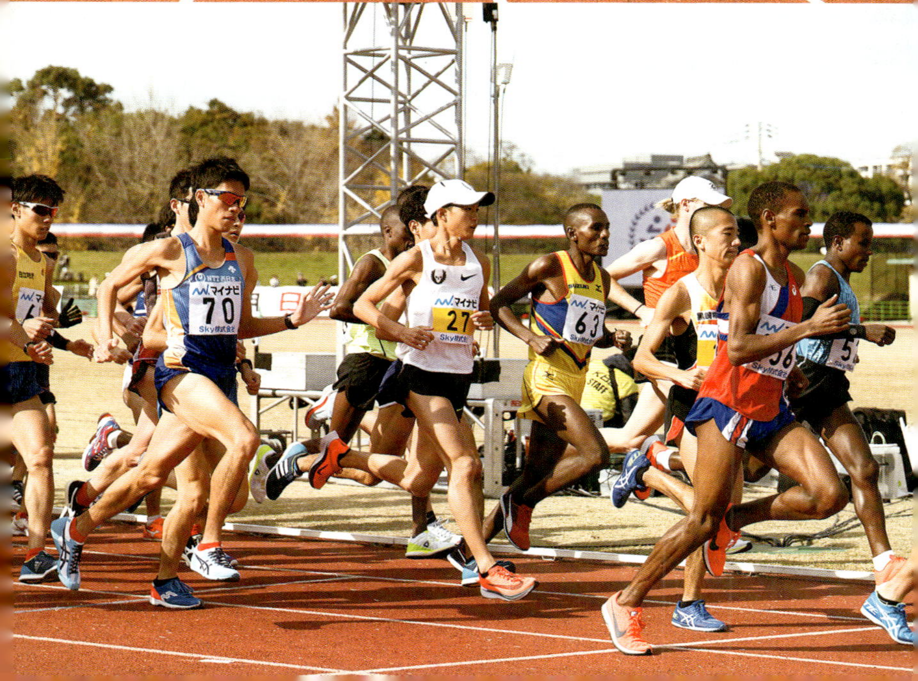
マイナビ
70
マイナビ
27
マイナビ
63

2017年，福冈国际马拉松赛

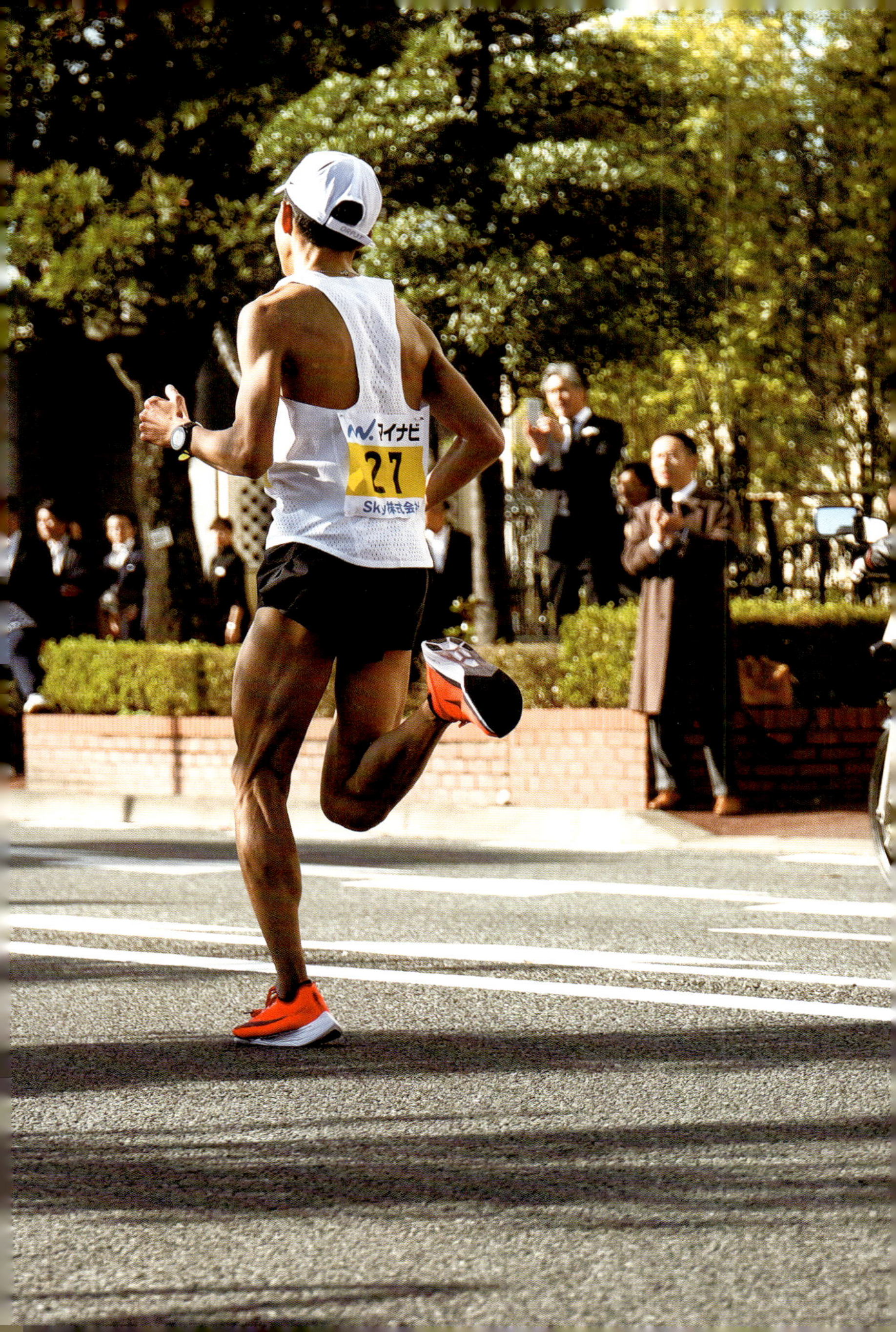
マイナビ
27

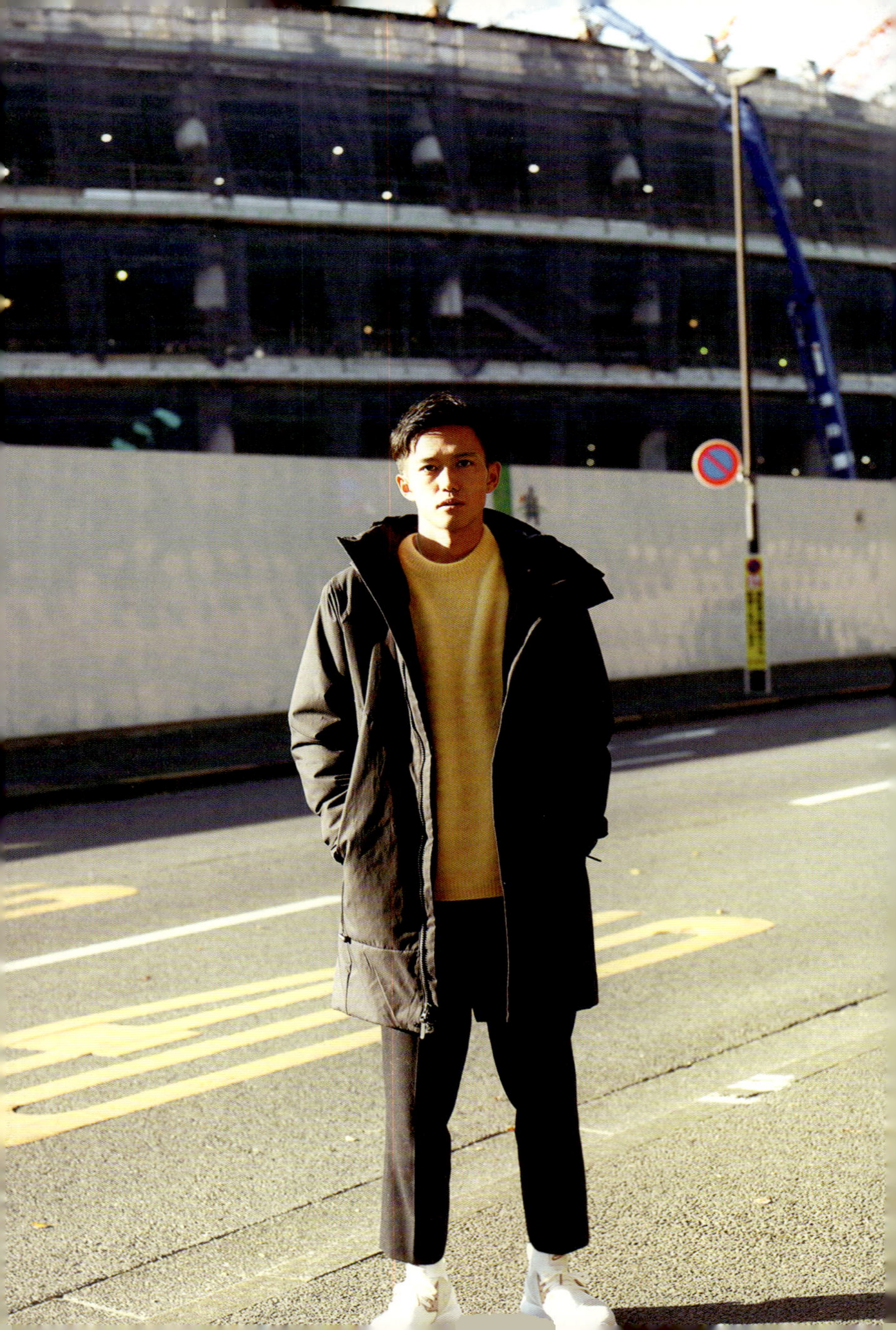

2017 年 12 月，日本东京

2018年，福冈越野赛

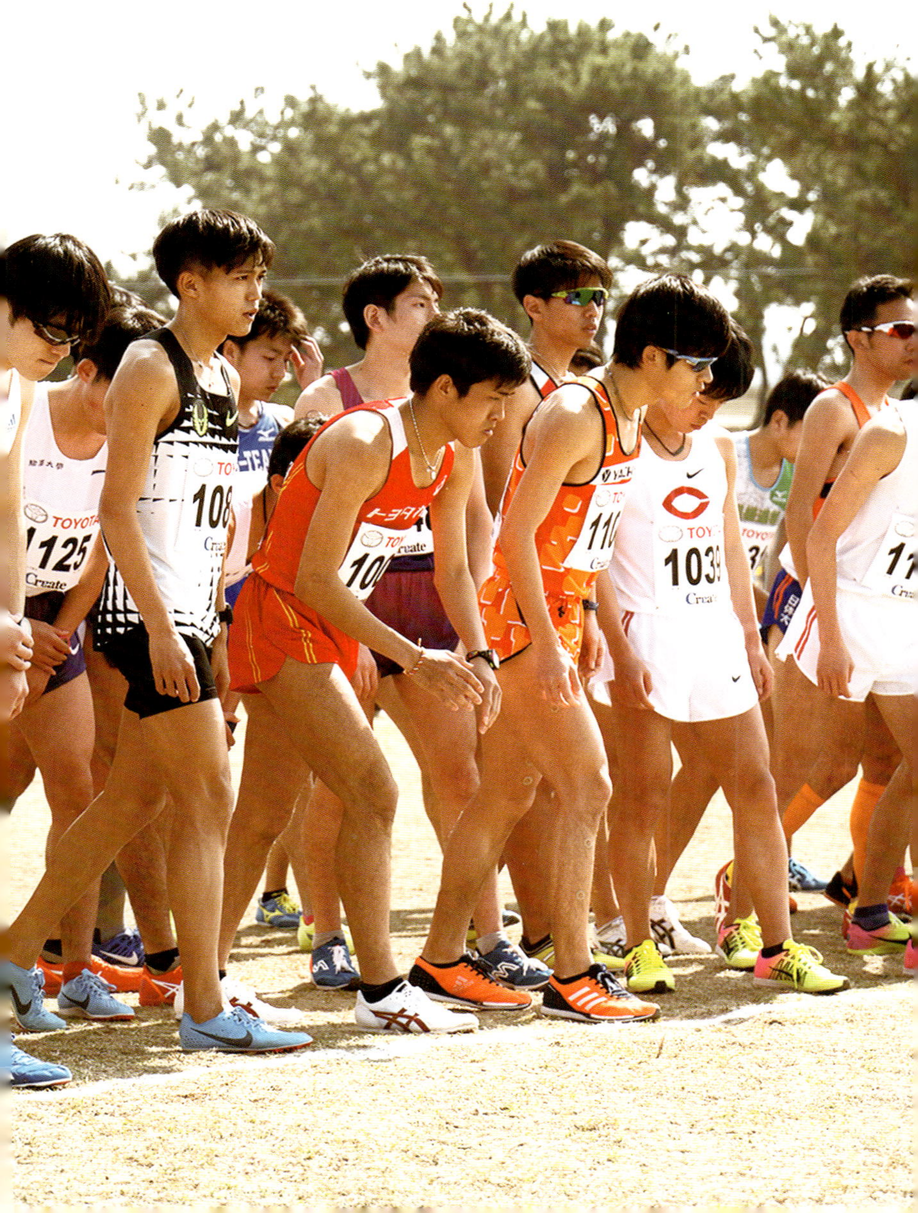
TOYOTA
1125
Create
108
1039

2018年，福冈越野赛

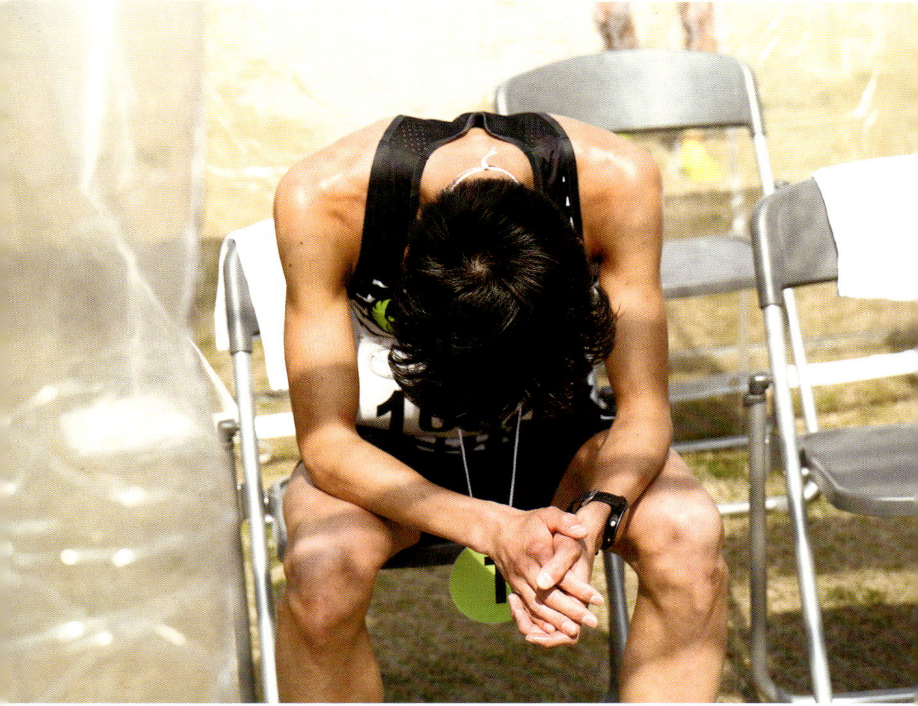

2018 年，大迫杰项目

专栏
关于恢复体力与睡眠

困意是我唯一无法忍耐的，一天少说也要睡 10 个小时。我在早上会睡到自然醒，入睡也特别快，哪怕在比赛旅途中换了枕头，也能够很快进入梦乡。

高中及大学时，既有晨练，又要去上课，还有午间练习……日程如此繁忙，我的睡眠时间一定是不够的，因此在学生时代我常常会睡午觉。但现在我基本不睡午觉了，一方面我担心睡了午觉晚上睡不好，另一方面现在我有充足的睡眠时间。只有偶尔前一天晚上失眠时，我才会在中午小睡一会儿。我不像实业跑团的选手那样还有公司里的工作，所以睡眠时间有充分保障，这实在让我庆幸。

在早稻田大学读书时，我进行过有关睡眠的调查，有研究数据表明，如果每天睡不到 10 个小时以上，人的专注力就会下降，表现也会变差。这一点我深有体会，一天睡 6 个小时与 10 个小时，专注力完全不一样。尤其是在需要连续跑 1.5~2 小时的长时间练习中，保证 10 个小时的睡眠，能够让注意力保持的时间更长，也就能够保证以同样的配速跑更长时间。

运动员中有不少人特别在意睡眠环境，而我几乎没有这种烦恼。我用的只是普通的宜家床垫，还是在对恢复体力不那么友好的低氧帐篷中睡觉。对我来说，恢复体力的重要性不如高原训练，因此根据身体情况，我在帐篷里进进出出，但每天都睡在帐篷里。一开始在这种环境中很难睡得安稳，也有过睡眠很浅的经历，但习惯之后就能够正常入睡了。

虽然这在社交网络上是老生常谈，但是我的确发现有许多人认为，恢复体力等于休息。对我而言，所谓恢复就是通过肌肉的修复机能让身体变得更强，是为了进行更高强度的训练所做的准备，有时候我必须在身体疲劳的情况下继续训练。因此，在感到身体不适时我会偶尔做做拉伸，但并不会每天都刻意做。团队里也有按摩师，每周会进行两次左右的按摩。我通常通过在力量训练前做做可以拓展身体活动机能的动作，把拉伸自然而然地安排入每天的训练日程中。

我认为体力恢复中最有效果的环节是泡澡与冷热交替浴法。我不太能够适应冰水浴，在高强度训练过后会通过重复交替泡冷水澡与热水澡各30秒的方式恢复。用泡澡冲走身体的疲劳，让我感觉自己的身体能够恢复得更迅速。

选手不得不严格考虑从训练到饮食、睡眠、恢复体力等各个环节。我在训练的时候，除了跑步以外什么也不想做，更不想把力气花在跑步以外的事情上，只想把力气全用在跑步上。在集训时，我甚至担心抱女儿都会拉伤后背。与家人、朋友一起度过的时间、吃饭的时间等对竞技没有帮助的事情，我都想忽略，只想全神贯注于跑步上。因此，我认为这样的环境实在难能可贵，力量训练能够交给体能师，竞技问题上有可靠的教练。

考虑太多事情，就无法专注于竞技，说到底，最重要的还是如何坚持严格的训练。我认为，与其在琐事上消耗自己的精力，不如把自己变成一台机器，什么也不想，专注于训练。

变化环境中的生存能力

擅长跑步的选手很多。在我的观点里，作为选手，或许最低限度的跑步天赋是必要的，但更重要的是在竞争中存活下去的能力。

就我而言，从初中到高中再到大学以及实业跑团，跑步的环境一直在发生巨大的变化，在这种变化中，生存能力是必不可少的。能够适应队伍，并保持不被淘汰，这样的能力能够让自己变得强大。

虽然我不能断言哪种选手拥有在竞争中存活下来的强大力量，但重要的是在艰难时刻以坚韧不拔的态度挺过来。无论环境如何变化，在自己适应之前，除了忍耐，没有更好的做法。有的人只需要两个月就能够度过这段最为艰辛的时光，有的人却需要花一年的时间才越过这道坎。选手间的区别就在于是否能够挨过这段时间。

环境的变化会带给人更强的孤独感，身处其中会让人质疑今后自己将何去何从。但只要忍耐，把自己该做的事情都完成，总有一天能够习惯。有些选手会因为环境的改变而一蹶不振，我觉得他们仅仅是因为没有这么强的意愿去适应新环境。

我认为自己是那种需要花很长时间适应新环境的人。高中三年对我来说很煎熬，但因为一心只想着变强，也不知道自己还有什么路可走，因此我全心全意地投入到练习中。

在俄勒冈时，我因为不会说英语，经历过一些令我遗憾的事情。在队伍里我常常感到孤独，生活中也遭遇许许多多不便。不过，在加入之前我就有了觉悟，所以我忍到了最后。这与我是否擅长这些事情，适应环境是早是晚没有关系。

一开始到"俄勒冈计划"参观时，我受到了亲切的接待，但那只是对参观者的亲切。当我真正以练习者的身份加入其中后，我感受到了这个世界的严苛。尤其是"俄勒冈计划"并非一个像友善的大家庭一样的队伍。由于我不会英语，身边的人让我感受到的更多的是冷漠。

我加入"俄勒冈计划"之初，只是单纯地为了让自己置身于一个充满挑战的环境中，除此之外并没有多想。而正式加入队伍后，如果拿不出成绩，即使被淘汰也并不是稀罕事儿，我在其中备感压力。

这里的每一次练习都给我一种参加比赛一样的紧张感。老实说，当时许多练习项目我都是初次接触，也不知道到底怎么做才是正确的。但刚刚加入训练就对练习项目表示怀疑也不合情理，因此我决定第一年就按照队伍安排的计划，一门心思去练就好。我刻意引导自己不再怀疑练习内容，并将自己迄今所接受的训练全部忘掉，全盘接受这里的训练方法。

其中最让我感到身体不适应的是力量训练。做力量训练时，我表现得笨拙或僵硬，就这样过了两三年，我才终于习惯这种训练，并且感受到自己变得愈发有力。可能是因为许多人害怕做花时间的事情，总有人只接触一点儿便断言训练与自己的体质不合。但我觉得，无论决定做什么事，都是试一两年为好。如果经过一两年后仍然感觉不行，再回头也不难。我不觉得一头扎进新的事情里是一件坏事儿，但我对不抱信念的"三分钟热度"行为——大家说美国好就飞到美国，肯尼亚热度很高就直冲肯尼亚——持怀疑态度。只要经过深思熟虑，觉得去了对自己有益，去就好。但是一旦去了，就应该脚踏实地投入其中。

有些选手自称讨厌变化的感觉，但在我看来，这是傲慢心理在作祟。所谓感觉，是一种极其主观的情感，即便是自己的感觉，也并非那么可靠。比起感觉，更应该相信自己看到的结果，根据个人所见去判断。沉溺于感觉之中，与为过去所困无异，这是在挥霍自己的潜力。每个跑过步的人都有过这样的体验吧？本来当天感觉身体很不适，但只要跑起来，就会意外地发现自己能跑完。所谓个人感觉，就是如此飘忽的东西。

初到俄勒冈时，我感觉有些束手束脚，看到其他选手的训练情况，我开始焦虑，当盖伦·拉普（美国马拉松选手）取得佳绩时，我也蠢蠢欲动，觉得不努力不行。为了在这样的环境中找到自己的容身之地，我不仅需要在比赛中取得胜利，更需要在练习中展现出全力以赴的姿态。除了全心全意投入训练，开辟出属于自己的道路，我别无选择。因此，我在练习中常常保持紧张感，参加里约奥运会时，我虽然觉得自己已经适应了环境，但仍然感觉自己与这支队伍并不相称。

参与"俄勒冈计划"的选手，无论成绩好坏，大都是自我中心型的人，不太顾虑他人的事情，主张"你不把话说出来，我就不会理解你的情况"。虽然我很信赖彼得教练，但他毕竟并不了解我的一切，因此当我有不好的感受时，我便会直接向他表达。人都希望对方能够理解自己。但如果不学会明确表达，就很难向他人传达自己的感受。我们将教练与选手的关系比作导航仪与驾驶员。教练能够为选手指明大致的方向，但掌握方向盘、踩油门的还是选手自己。无论导航仪如何精密，如果驾驶员不踩油门，不转动方向盘，都没有意义。顺带一提，我是那种经常超速被导航仪警告的类型。（笑）

训练虽然艰难，但是习惯努力以后，也就不会感到那么辛苦了。当然，我有时候也会情绪低落，不过情绪也是能够习惯并最终慢慢克服的。虽然身体难免会疲惫，但是大家仍会跨越这种障碍继续练习，我现在的队友几乎都是这样的选手。在"俄勒冈计划"中，大家都对这种练习习以为常。

现在，业余跑者的水平越来越高了，我甚至感觉实业跑团的选手与业余选手间的界限变得越来越模糊。许多选手只是专业意识比业余跑者强一点儿而已。或许他们觉得自己已经足够努力了，但了解他们的训练内容后，难免会让人觉得他们跑的距离太短，态度太过摇摆，容易妥协，相比之下专业意识也很淡薄。他们会说今天因为脚疼跑不了，明天又说太麻烦了，所以休息，每当听到这种话，我不禁会觉得，他们最终会在实业跑团中渐渐沉沦。眼前有太多轻松的享乐，或许当初待在日本的话，我也会变成这样吧？然而，在这种时候坚持不懈很重要，加入实业跑团是拓展田径运动的关键一步，但不能在其中迷失方向。当微小的差距不断积累，最终形成一条鸿沟时，差距就已经无法弥补了。

状况每天都在不断改变，学会在变化的环境中找到自己的容身之地，是竞技选手的生存之道。

积累『当下』

我的竞技生涯从初中一年级就开始了,一路跑来,已经 14 个年头了。现在,我开始感到自己正迎来竞技人生的最后阶段。我可以毫不避讳地在这本书中说,我也不知道自己的脚能够坚持到什么时候,但我始终怀着跑到脚不能再坚持下去的时候就退役的心情,每天继续奔跑着。我说不准这件事会在什么时候发生,或许今年,又或许是明年。这之后依然有未来的道路在等着我,只要花点儿时间探寻就好。

之所以能这么想,是因为我无比强烈地感觉到自己正活在当下。

变强是一件很简单的事情,每次都做高强度训练,过着高强度的每一天。只需要简简单单地日复一日，周复一周。许多人会在重点练习前后休息，而我不同，我不仅努力地进行重点训练，还会用心加练，并且会以这种强度持续好几个月。

说得极端一些，每一次练习，每一个瞬间，对我而言都无比珍贵。比如说，练习中我会跑 20 次 200 米，可我不会认为这是将 200 米跑 20 次，而是仔细地思考每一次 200 米应当如何完成，如此反复 20 次。我重视将不适感分解开来剖析，会认真分析每一个 200 米中，自己的不适感从何而来。如果脚感到不适，我会仔细想脚的哪里感到不适，甚至那个部位的什么地方感到不适，并且深掘自己的感受——借此发觉自己对不适感的耐受程度。把所有的不适感都归结为"难受"，只会扰乱自己跑步时的姿势。比如实际上是脚感到不适，而自己误认为是呼吸困难，这会让痛苦变得难以忍受。人体的心率是有极限的，只要心率没有上升到极限，即便脚有些抽筋的前兆，其实也可以继续跑下去。将不适感分解开来剖析，能够帮助我冷静地判断跑步时的情况。无论是练习还是感到不适时，抑或是在比赛中，专注于"当下"的状况是极为重要的一课。只要持续这样认真地对待训练中的每一个瞬间，就能每天都感受到战胜自己的价值。

马拉松固然有让人感到艰难的时候，但这之后更有让人感到欣喜的瞬间。正因为知道这一点，我才可以直面马拉松中的艰难。如果觉得艰苦，就专注于当下，冷静分析并面对目前的状况。前路也许依旧满是荆棘，但有可能往前一步就能迎来欣喜的瞬间。只要接受并理解疲惫、厌恶等负面情绪，就会找到应对之法。相反，如果不接受它，就只能抱着疲惫与辛酸之情结束整场比赛，注意力也容易涣散。尽量努力让自己保持冷静的状态，艰辛之感就会慢慢发生变化。总之，不要去想前面还有什么困难，怀着乐观与积极的心情，专注于眼前的事很重要。

无须多言，每天都处在战斗的状态中会让人感到疲惫。但既然知道不战而退一定会后悔，为了不让明天的自己感到后悔，今天的自己就只能付出100%的努力。既然是专业的跑步运动员，跑步成了我的工作，那么除了日复一日怀着殊死拼搏的心情向下一个目标冲刺以外，我别无选择。而且我每年最多参加两场马拉松赛，对我而言，每一场都是无法逃避的大赛。因此，每一场大赛都会给我一种必须认真面对的紧张感。

我是一旦考虑得太过长远，就会感到疲累的人。有时候单单想到第二天一早还不得不参加严格的训练，我都会忧虑。也因为自己的这个特质，我尽量让自己只关注眼前的事情。未来的比赛、对手，无论在我的想象中是好是坏，都不过是想象。偶尔这也会变成动力，但每当想到应该如何达成自己的目标，我就会提醒自己，成功都是依靠过去的经验，也就是说，未来的成功能够与现在的积累画等号。显而易见，未来的的确确受今天影响。

只要着眼于当下，在每个今天积累点点滴滴的经验，最终站在起跑线前的自己就值得信赖。只要在练习中脚踏实地地积累，剩下的事情就只需要交给时间。时机有时刚好，也常有不凑巧的时候。但时刻为即将到来的挑战做准备至关重要。谁也不知道最大的机遇会在哪一个瞬间到来，与其过度期待，倒不如认真地对待当下的每一个瞬间，集中精力努力前行。能够在当下为未来努力，我感到很幸福。

说回 2019 年的东京马拉松赛，为了跑出更好的成绩，我在美国进行了三四个月的练习，最终以中途退赛收场。如果我始终走不出这一场失利，岂不是让我至今经历的所有事情、积累的所有经验付诸东流？我不愿意把精力过多地放在过去或者未来的事上，只想更踏实地过好当下。

打个比方，你正走在一条看不见前路的单行线上，太过在意终点在哪儿，拼命向前迈步，反而很难感受到自己正在前进。但如果把目光投向脚下的道路，一步一步脚踏实地，你就能切实地感受到自己正在前行。这难道不是自己活在当下的证明吗？

可能是出于这样的考虑，我并没有过多地回顾比赛的细节。当然我仍记得比赛中让我感到喜悦以及能够成为将来的动力的部分，但我不会刻意回忆比赛的每一个细节。不是说跑过就忘了，而是因为我认为更值得学习的是过程。说到底，比赛成绩不过是一个结果，并不能为我提供什么参考。倒不如说，无论哪场比赛，我都不太满意，也不会感到挫败。即使比赛没能如愿跑完，我依旧能够从比赛中收获不少东西。由于抱着这种想法，无论是什么样的比赛，对我来说都称不上是失败。每场比赛的环境各不相同，也就更没有必要比较当时的比赛情形如何。可能周围的环境会发生变化，但我坚持活在每一个当下的瞬间，我认为，活在当下并直面接下来会发生的事情，是一件富有趣味且饱含意义的事情。

保持坚定意志

尽管许多运动员都认为自己有特殊的才能，如跑感良好，或是跑步的能力特别强，但我认为日本的中长距离跑步运动员中，包括我在内，并没有多少人有太异于常人的才能。大家的能力其实相差无几，所以意识到自己并不特别更加重要。

学生时代，比我跑得快的选手要多少有多少，许多选手我无论如何也赢不了。但为什么最后有许多选手坚持不下来呢？我认为，之所以最后产生差距，是因为他们没有在状况不佳时继续努力。大家一起努力的时候，出乎意料的是发现选手之间的差距很小。然而，一旦仅仅因为状态不好或者身体不适就放弃练习，这段时间的进步就会是零。

这样小小的错误不断积累，最终会变成巨大的失败。可能选手并不能每天都做到同等强度的练习，但在练习中，应该始终坚持尽自己所能。

一旦差距产生，再想靠努力追上去，也为时已晚。因为在起点就已经落败了，所以从一开始就该放弃自己做不到的事情——许多人都会这样想，但只要能坚定意志，花上 5 年、10 年，谁都能够改变自己。尽管大家都期待着戏剧性的变化，但改变自己其实没有什么捷径，只是以坚定的信念，一点一点改变罢了。

学生时代，我想得最多的事情，就是坚持跑下去，常常会发狠地跑起来，根本不休息。中学时代我潜心于田径项目，牺牲一切不断地跑着。我并不反感与朋友一起玩，但我不太理解大家扎堆有什么值得意气风发的。虽然我没把这种话说出口，但我始终觉得："不努力，每天都舒舒服服地过着，到底有什么可骄傲的？和其他中学生没什么两样！"

我对随波逐流感到恐惧。这并不只是在竞技中，在日常生活中也是如此。生活有无数的选择，我常常会有意识地想，对于现在的自己来说，到底应该做什么？

举个例子，我见过各种各样的选手，只听从指导员或者教练的话进行训练的选手往往都不怎么强。因此我认为，不断失败并不断经历波折，最终到达终点，这样的生活才更有意义。

在早稻田大学读大四时，我当上了队长。尽管我也想提升队伍，把队伍拧成一根绳，大家一起前进，但是我并不认为我当上队长就能给队伍带来什么改变。队长并没有什么特别的意义，不过是一种象征罢了。虽然经常有人说，因为当上了队长，所以更努力了，或者说因为自己当上队长，队伍发生了改变，但干劲并不能由别人控制，即使一时斗志满满，也与打鸡血没什么差别。当然，当上队长后，我也开始在箱根驿传前参加我从没有参加过的晨练，也提醒过意志力比较薄弱或是过分沉溺于自我感觉中的选手。当时在早稻田大学的队伍里，有让选手休息的惯例，当选手受伤或者身体不适时，都可以直接回家。如果是同年级同学出现这样的情况，我都会提醒："回家之前，能练多少就练多少吧！"因为我认为无论在什么情况下，拥有坚强的意志都很关键。但也有些选手会对我说："你根本不明白我有多难受。"然后就此回家。（笑）

说到底，应该把什么放在第一位呢？我认为是想成为什么样的人的强烈动机。嘴上说谁都能做到，但选择轻松的活法总是很简单，人们都会觉得跟朋友在一起更快乐。每天都做一些小小的妥协，最终日积月累成鸿沟。尤其是在训练中，重要的不是你在哪方面表现得优秀，而是你想变强大的欲望究竟多强烈，以及你愿意为此牺牲多少个人生活。

一天只有 24 个小时，在竞技项目中，如何舍弃不重要的事，省去无用功，只做重要的事情很关键。这么想来，与他人合作、配合他人节奏抱团练习，对我而言没有任何好处，完全是多余的。可以指责我不合群，但这无关痛痒，达成目标与他人毫不相关。毕竟，能够 100% 为自己考虑的，也就只有自己了。要说我最信任谁，也只有自己，迎合身边的人对我来说没有丝毫益处。因此，现在我只和有相同目标、同等级别的选手一起训练。

对于大学时期的我来说，箱根驿传并没那么重要。但指导员或者队伍，甚至学校都很看重箱根驿传。虽然最后我们各自退了一步，但对于当时专注于田径跑道的我来说，不能为实现自己的目标尽 100% 的努力，不得不分出一半的精力，是一种巨大的浪费。或许对其他人来说，接力赛的赛季有其价值，但是对我来说，它确实无谓地浪费时间的成分更多。在大学时期，我一直处于这种矛盾之中。其实无论是选手还是指导员，都没有必要做什么让步。如果大家目标一致，本来就不需要各自让步。早稻田大学时期，渡边康幸指导给予我极大的理解，实在是帮了我大忙。而现在的教练与我的目标一致，我很高兴我们能够良好地交流，并建立了友好的关系。

哪怕不特地探寻，也能轻易发现不努力的理由。因此我常常在寻找努力的动机——把不努力的理由都排除掉之后，剩下的就全是不得不做的事情，不做就会后悔。其实，每个人都能做到深入思考。总有人说自己常常思考，并且不断深入挖掘，但其实大家都在这么做，这并不是什么特别的事情。比起思考，单纯地推进事情，放弃无用功并认真钻研更困难。当然，我也有许多做得不尽完善的地方，但是我时刻在提醒自己：保持纯粹，更纯粹。

人的相貌会变化。压力大时眉间会起褶皱，心境平和的人看上去显得更温柔。而只要时刻保持坚定的意志，无论面相还是身体，又或者是跑步的姿势，都会发生变化。

专栏
关于饮食

　　许多人问过我在饮食方面应该注意什么，但老实说我并没有太注重这方面的问题。小学、初中的时候，我常吃羊栖菜，这是因为母亲担心我缺铁元素，每顿饭都把羊栖菜加入菜单。但是，大学时我在饮食上就很随意，那时候也没有多少这方面的知识，想法乐观又天真，觉得只要努力跑就好了。有段时间，我甚至觉得冰激凌里既有碳水化合物又有蛋白质，吃点儿也无妨。有时候我还会不吃晚饭，只吃烤肉。虽然这不是什么好事儿，但是年轻不就是这么回事儿吗？

　　现在，我察觉到竞技的成绩能够左右我的人生，所以虽然说不上"改过自新"，多少还是开始注意饮食。在俄勒冈时，妻子给我提供了很大帮助，她会为我准备营养均衡的餐食。不过开始集训后，我就不会太在意饭菜的口味，只要营养到位，因此会自己做些难吃的饭菜。

　　反正吃到肚子里没什么两样，所以我早上只吃一点儿面包，练习结束后会喝蛋白饮料，炒些鸡蛋或者烤鸡肉、三文鱼之类的，只要扔进烤箱里就能完成的菜式。最近我开始觉得自己是不是没有什么做菜的天分。因为我不太会做菜，和选手铠坂哲哉、鬼塚翔太一起集训时，还以为大家都一样，用一副高高在上的姿态问过他们："你们会做菜吗？没问题吧？"结果对方做得比我像样多了，这让我很难为情。

我饮食的惯例是，在高强度训练前大量摄入碳水化合物，训练后补充蛋白质。补充营养对我来说就是摄入蛋白质、铁元素和维生素 C。而且仅仅是凭感觉认为自己应该多补充这些营养素，这大概是受初中时母亲做的菜和高中时宿舍食堂菜单的影响。

我的练习量实在不小，所以很少严格控制饮食，只要不是比赛在即，我甚至可以喝点儿酒，吃些甜品。所以我认为只要每天都能均衡地摄入米饭、蔬菜、铁元素和蛋白质，饮食方面应该就不会有什么问题。营养固然很重要，但是关键的还是训练。

尊重对手

中学时，我有许多优秀的对手，我常常怀着战胜他们的渴望跑步。初中的时候，我想赢过八王子市立第四中学那个与我实力不相上下的孩子；与全国中学生大赛优胜选手一起练习时，我也怀着无论如何都不能做最后一名的心情参加练习。

高中与大学的前半段，我想赢过同级生或者学长，大学的后半段，我希望至少能够接近世界级选手的水平，与他们一较高下。印象最深的是在佐久长圣高中时期的练习。佐久长圣高中的练习根据当天是周几有不同的训练计划，其中最让人痛苦的是每周三的训练课程。当时，我想凭借周三的练习，战胜村泽明申学长与千叶健太学长，因此每周的练习都以一决胜负的心态进行。在这个训练计划中，最后有一段长约400米的连续坡道，当时并不擅长跑上坡路段的我，我尝试过在这段坡道前1 000米的下坡路段处加速等方法，为了赢过他们下了许多工夫。每当我靠近时，村泽学长都会露出有些嫌弃的表情，这时我就会尝试着进一步拉近距离。（笑）我进入佐久长圣高中，最大的目的就是战胜竞争对手，对学长们察言观色并不能帮助我达到目的，因此我摆出一副有攻击性的姿态，全力争夺胜利。不用说，我能够在这样的过程中发现练习的乐趣，就算对手是学长，如果在竞技中都不能人人平等，那岂不是让人不快？所以我觉得大概我与村泽学长他们之间其实算得上是良好的竞争关系。

就算是在学生时代的运动中交朋友，双方也需要意气相投或者旗鼓相当。选手间的关系有些互相依赖，总会偶尔需要互相帮助，我觉得如果是积极意义上的相互依赖，那也无伤大雅。

不过我从高中时就认为，如果只从竞技角度来看，能够成为朋友的人少之又少。我认为没有必要与目光短浅的选手多交流，反而常常把他们当作反面教材，并借此不断自省——我与他们当然不一样，他们只能做到这种程度的努力而已。说得难听一点儿，这是瞧不起人，但是换句话说，这是不满足于现状，志存高远。和与自己志不同、道不合的人装作一团和气地吵吵闹闹，或是与相互之间不能形成良性竞争的人保持关系，这种人际交往对于竞技没有丝毫帮助，倒不如说是浪费精力吧？

想创建一个让自己感到舒适的团队很容易。只要自己足够优秀，常常受到周遭的追捧，就能够创建这样一支队伍，因为大家都在观察你的脸色。这样做虽然轻松，但不知不觉间，人就会陷入舒适区。比起这样沉沦，我从孩提时代开始，就希望去更强大的地方，加入更有实力的选手所在的队伍。因此，我一直在寻找一支能够让我接受足够多挑战的团队。

过去我太执着于胜利，过分在意比赛的结果，为输赢喜一阵忧一阵。自己的成绩不甚理想，看到其他选手跑出好的成绩时，我便会感到不甘。当时我的确为此困苦，但现在看来，学生时代能有这些让自己在意的对手，有这种不甘的情绪，对于竞技生涯来说是有必要的。我借此意识到过于在意他人会让自己身心俱疲，人还是应该面对自己，而非把情绪全部指向他人。现如今，我能够在矛盾中找到自己最应当在的位置。

竞技生涯教给我的另一件事是，我无法变成他人，他人也无法变成我。个人经验只是个人经验。因此不要勉强自己，把目光放到能够让自己获得成长的事情上就好。读书也好，做调查也罢，如果最终不能回到自己的实践上来，那就毫无意义。也有人曾经向我寻求建议，但无论我给出什么意见，如果最终不付诸实践，这建议不也一样没有任何用处吗？

当我与某位选手同场竞技时，自然会有想胜过他的欲望。但这与"我想赢他"这种单纯的欲望又不尽相同。当然，我不愿意输掉任何比赛，但比起在比赛中表现得比某位选手更好，我更希望自己是因为在比赛中尽了 100% 的努力，跑出了自己的风采而获得胜利，后者能够带给我更强的满足感。

媒体炒作过我与其他选手之间的较量，但这不过是他人眼中我们的关系，与我并没有什么关系。我没有与这些选手一起练习过，平常也不怎么交流，关于他们我一无所知。尽管如此，我注意到我们还是被一概而论，这让我感到很奇怪。

看报道或者网络上的消息时，我感受到在人们的眼中，我的形象被加了许多滤镜。我很明白我在人们心中的形象是基于这些不确定的信息而树立的，所以我对于其他选手的情况没有兴趣，也不怎么关心其他人如何看我。但当我的真实意思被曲解并传达出去时就另当别论了。只要正确地传达出我的意思，即便我有什么不当之处，我也并不在意，但向外界传达有关我的错误信息实在不是我的本意。

比如说，我与选手设乐悠太是同期的运动员，要说我对他完全没有了解，那是说谎。我觉得我们之间存在某种相互激励的关系。但要让我想象他如何进行练习，有多强的实力，就是完全凭空妄想了。与其为这种妄想所烦恼，倒不如把精力集中于自己现在该做的事情上，这样更有建设性意义。

如果硬要说的话，我认为我与设乐悠太有相似之处，我们虽然表现方式不同，但都是自我中心型的人。而选手川内优辉无论在好的意义上还是在坏的意义上，对我都没有太大参考价值。选手们各不相同，每个人都有自己的特别之处，只要各自按照自己的方式做自己的事情就好。与其关心谁在做些什么，我更希望积蓄力量，让自己无论在任何状态下都能取得胜利。努力、加速，然后迈向胜利。

只要我尽全力跑过，即使败下阵来，我也只会单纯地觉得，比起尽全力的我，尽全力的他们实力更强劲。

另外，我也理解用这种方式将我们相提并论能让比赛更有话题性，也可以提高比赛的趣味性。各位不同的选手在场上大展身手，能够提高马拉松的价值，这也能让东京奥运会显得更热闹。但我不希望自己被卷进这股潮流中，不得不去关心一些无关紧要的事情。

诚然，我也希望在奥运会中出场并摘取奖牌，但是名次受其他选手影响，总是思考无法改变结果的事情不过徒增疲劳。虽然奥运会有着特别的意义，但与其他比赛相比并没有什么差别。我更想自由地活着，不希望背负什么特别的责任，因此我会用一直以来的平常心迎接 MGC 的到来。

来到俄勒冈之后，比起与对手的较量，我考虑得更多的是如何在世界级赛事上战斗。我希望在 2018 年的芝加哥马拉松赛上迈出与世界作战的第一步。不论此前的练习让自己多满意，都达不到比赛的强度，如果不能在比赛中取得一定成绩，那我也不能迎来新的自己。在这之前，我一直置身世界的外围，但我希望跃入世界级赛事这个大圈子里，并在其中战斗。

因此，能够与莫·法拉及盖伦·拉普同场竞技，我感到与有荣焉，并乐在其中。

莫·法拉是一位拥有优秀人格，无论对谁都亲切而友好的选手。他在比赛中向补水失败的我递出了水瓶，他是只要有选手需要帮助，即便对方并非队友，也会伸出援助之手的类型。由于他的帮助，我在那场比赛中冷静了下来，这让我心存感激。但在前半段配速员不够沉稳，速度没能提上来的情况下，到最后一英里（1 609.344 米）时我还想不到自己能打破日本纪录。

虽然我比盖伦先到达终点，但我并没有感到战胜哪位选手的喜悦。我认为，即便在这场比赛中分出胜负，也应该以谦逊的态度接受比赛结果。事实上，最后还有余力的他，实力应该在我之上吧？

比赛后，莫·法拉对我道贺："恭喜你。"盖伦也在面对媒体采访时对我表示赞赏："很高兴队友打破了日本纪录。"他们应当也尽了自己的努力，是出于对其他选手的尊重，才说出这些话的吧。

也因为如此，我不愿意因为某场比赛进行时天气比较热，对日本人更有利，或是外国选手都参加了其他奖金更高的比赛，就根据这场比赛有更大概率获胜等印象挑选比赛。以期待其他选手状态不好作为动机而参加的比赛，不如说是等待的比赛。虽然我并非不擅长等待，但更想堂堂正正地取得胜利。2018年设乐悠太以第二名的成绩完成东京马拉松赛就证明，即便是在有望打破纪录的最佳环境中参加比赛，仍有能够与世界抗衡的选手。

　　开始跑马拉松后，我才明白胜负固然重要，但更重要的是将一直以来的努力，在比赛中好好地展现出来。我可以想象，其他选手与我一样尽力而为，才最终站在起跑线前。这样想来，不只是精英选手，业余选手也很优秀。在工作间隙，减少玩乐抽出时间练习，忍受长达数月的艰苦练习与孤独，平静地一路跑来，这种经验极富价值。虽然我并不会有意识地关注某位选手，但每一个人都跨越了一段艰难时期，我觉得每一位站到起跑线前的跑者都是非凡的。

2018年7月,日本菅平高原

2018年7月，日本菅平高原

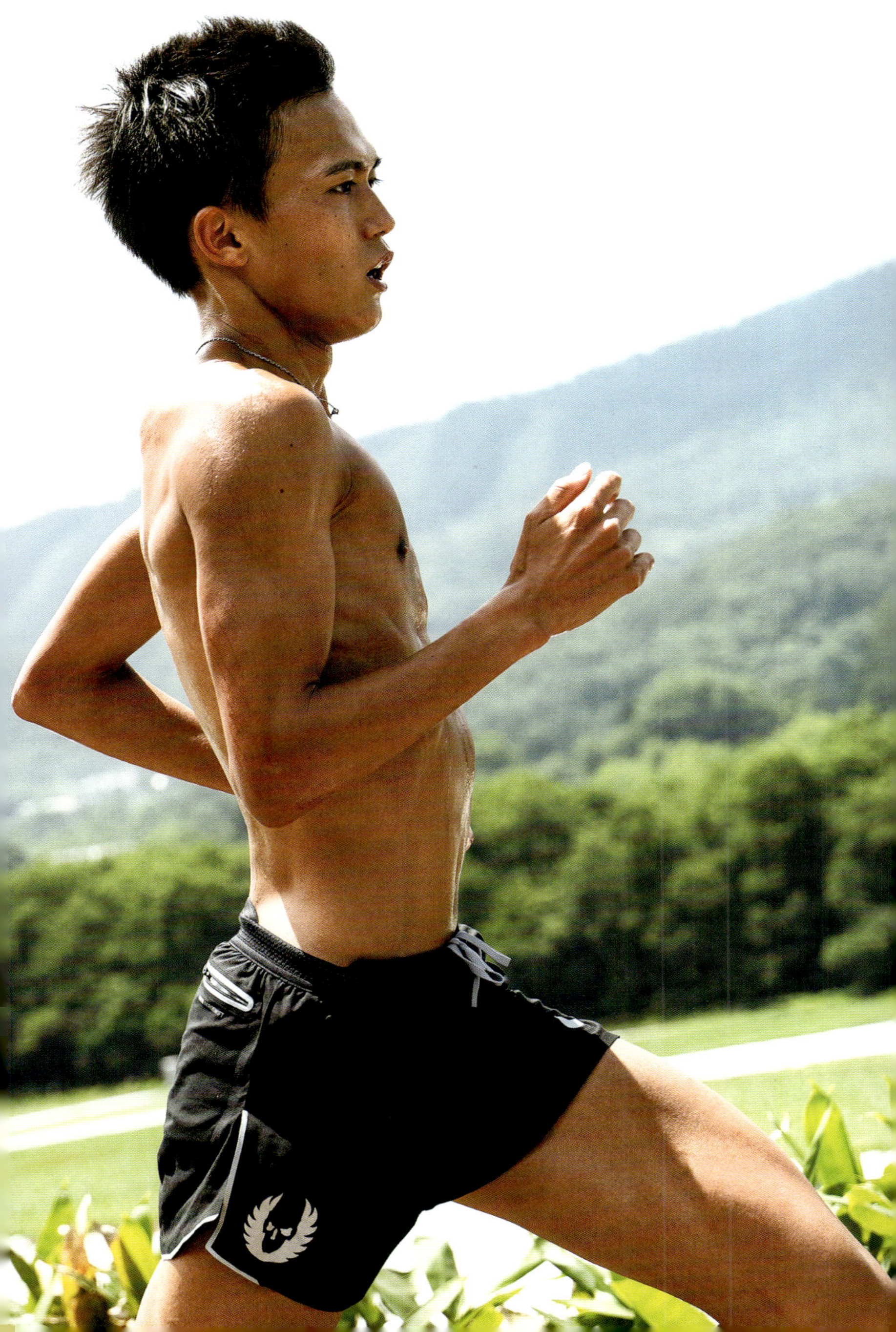

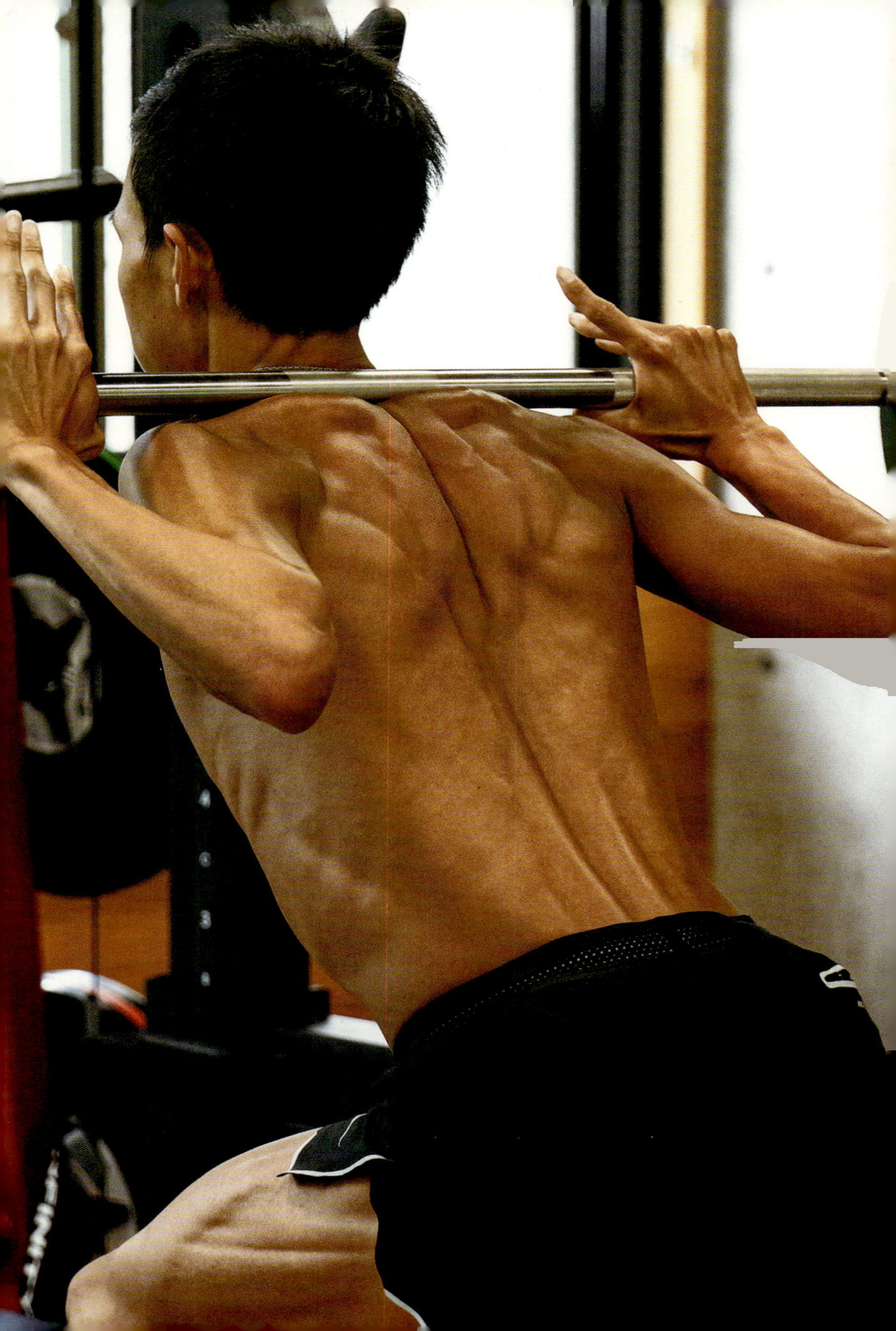

2018年7月，日本菅平高原

2018年，美国芝加哥

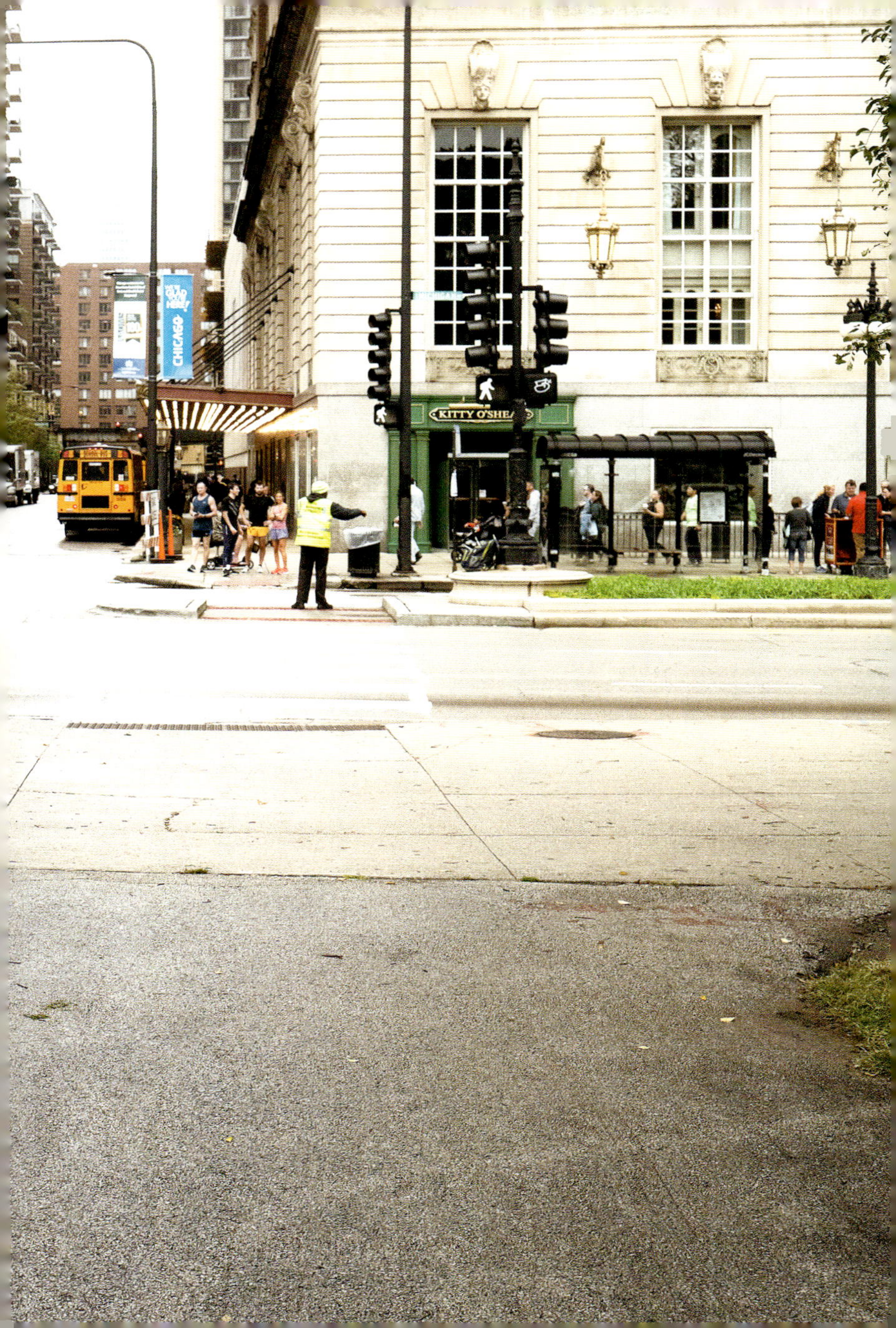
CHICAGO
KITTY O'SHEA

2018 年，芝加哥马拉松赛

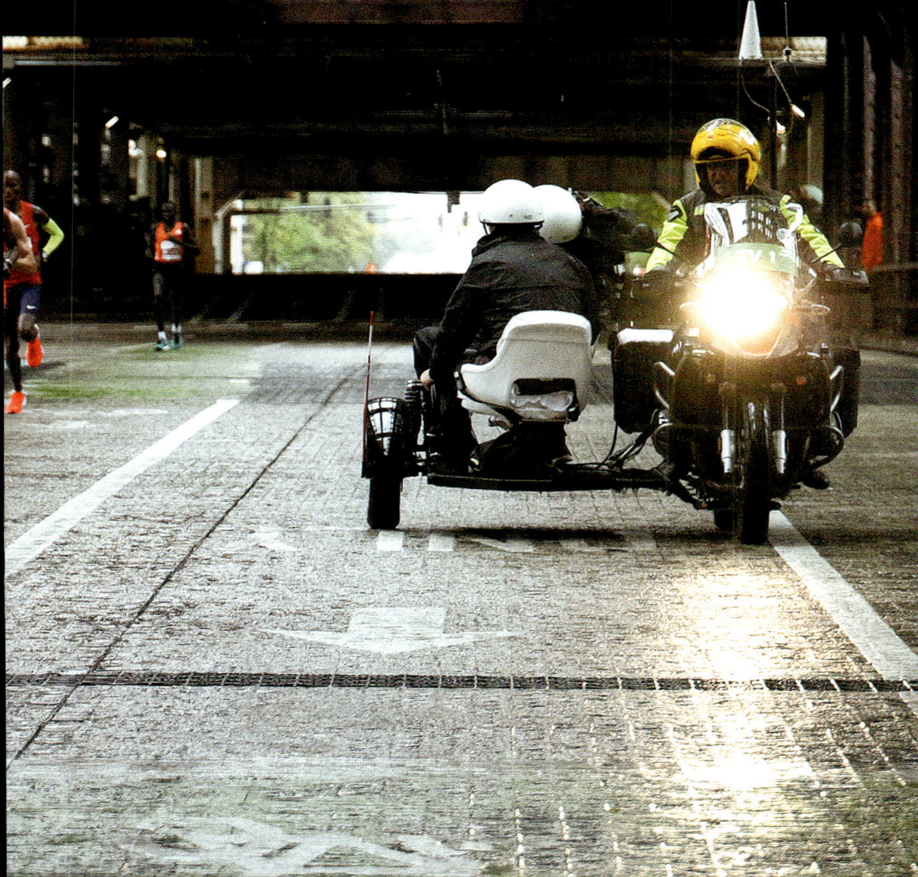

2018年，芝加哥马拉松赛

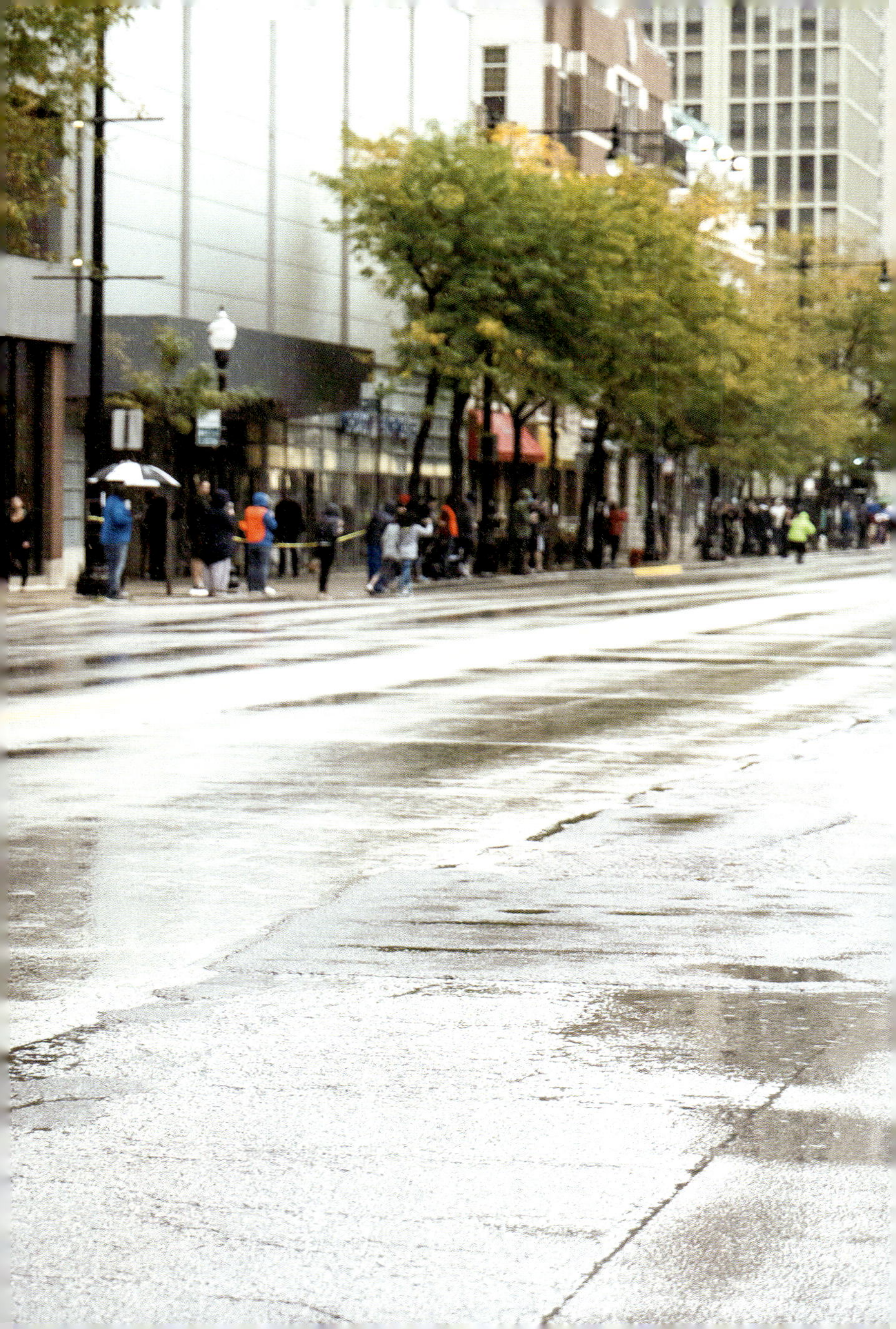

2018 年 11 月，日本东京

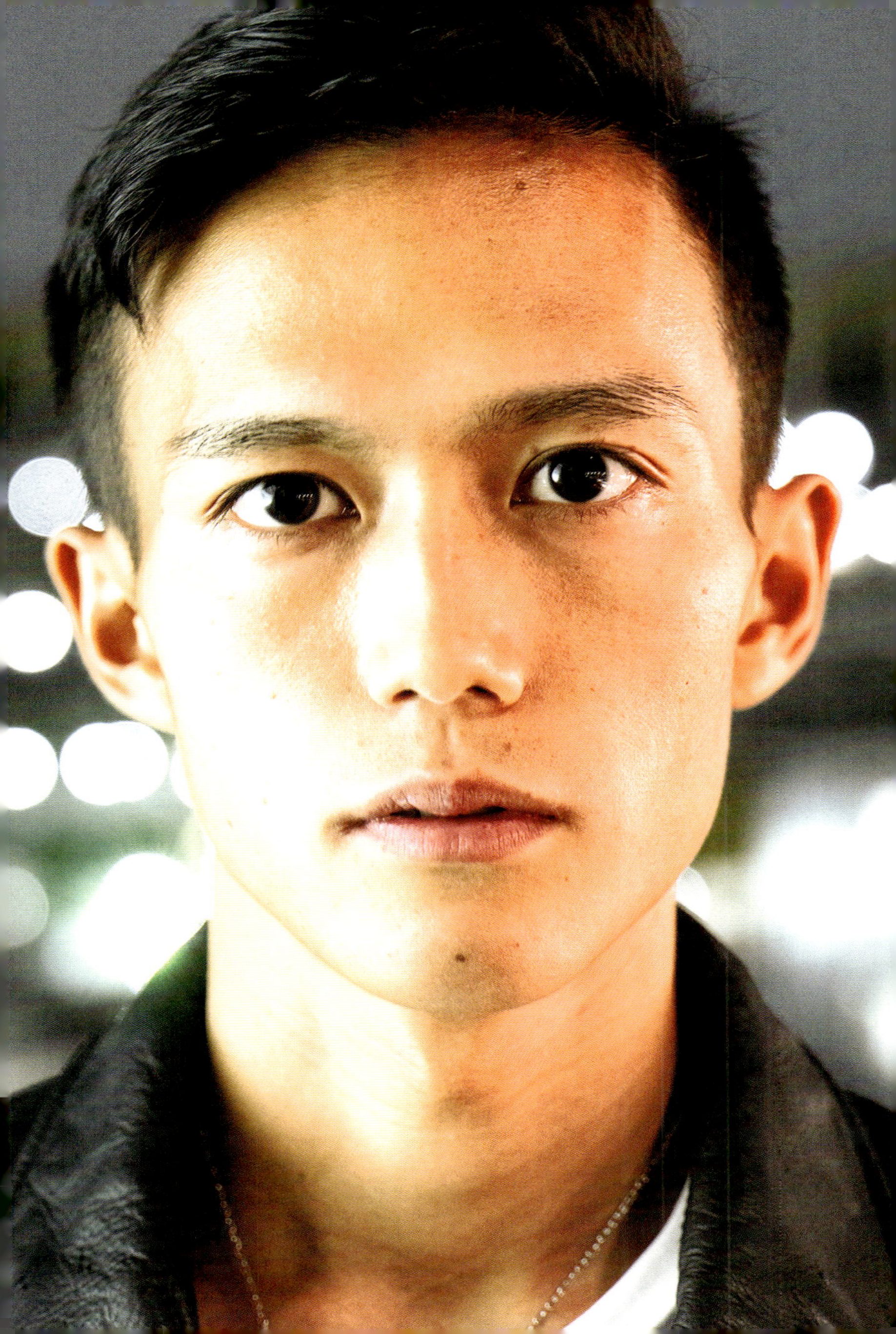

2018年，八王子长距离赛

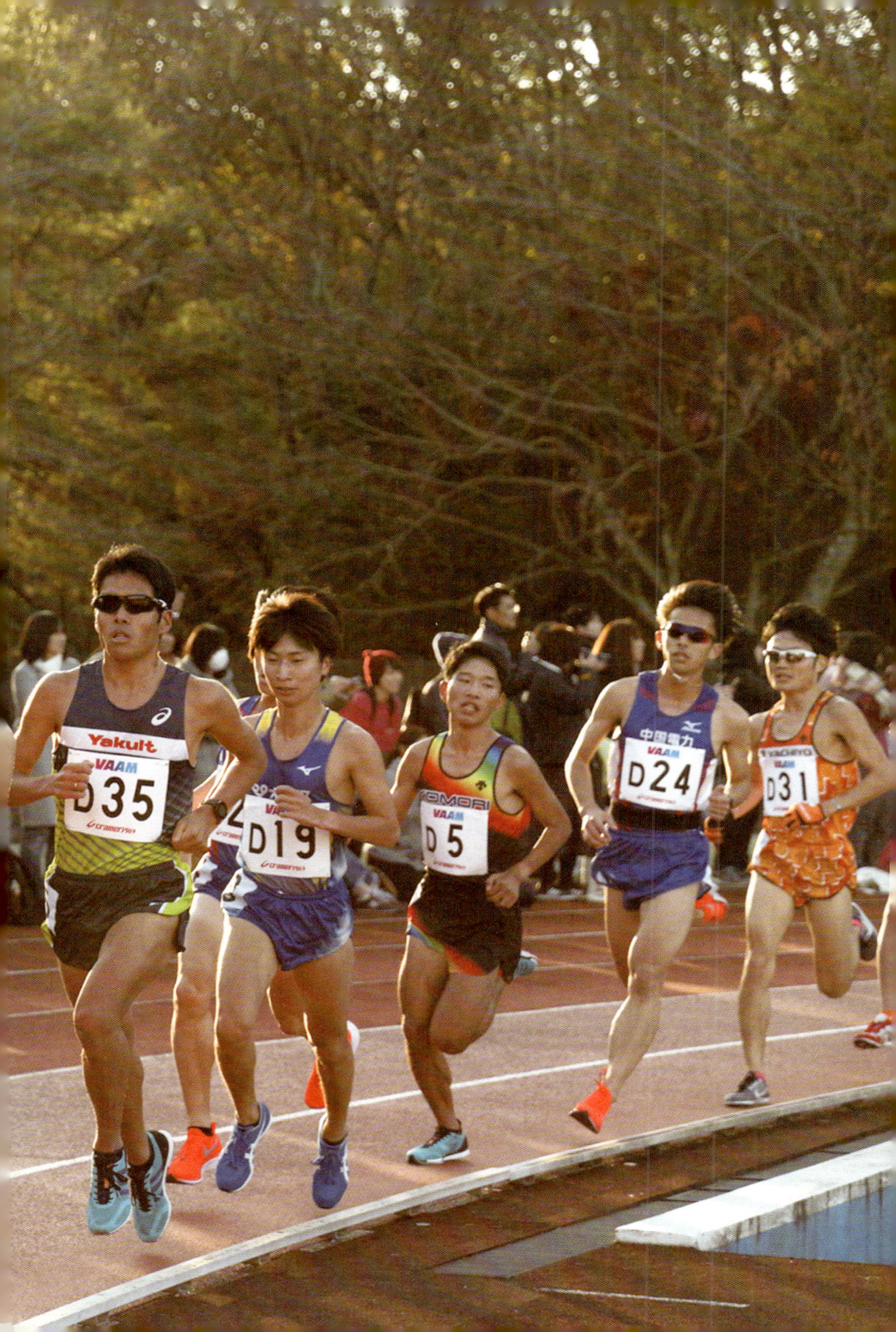
Yakult
VAAM
D35
D19
D5
中国電力
D24
D31

2018年，八王子长距离赛

专栏
关于力量训练

提起大学时的训练，真的就只有跑步而已。因此，大三我第一次到俄勒冈参观他们的练习时，很惊讶于他们居然会这么认真进行力量训练。回日本后，我在自己的练习项目里，也加入了力量训练。

现在回想一下，我有时候会觉得自己的动作很笨拙，每次做完力量训练都会感觉肌肉酸疼，是否就是由于一开始我使用身体的方法以及发力的方法有些错误呢？我也怀疑过这种训练是否适合我，或者是否有效。但俄勒冈的人告诉我，想要提升速度，只做速度练习是不够的，为了弥补自己的不足，力量训练很有必要。那从我的立场出发，也就不得不做了。

力量训练并不能立竿见影。不是找到一个弱项猛练就可以马上加强的，它需要耗费许多时间，进步也是不知不觉，一点点积累，最终作用到身体上的。一开始我并不习惯这样的练习，甚至感觉练习像是一场战斗，但现在我已

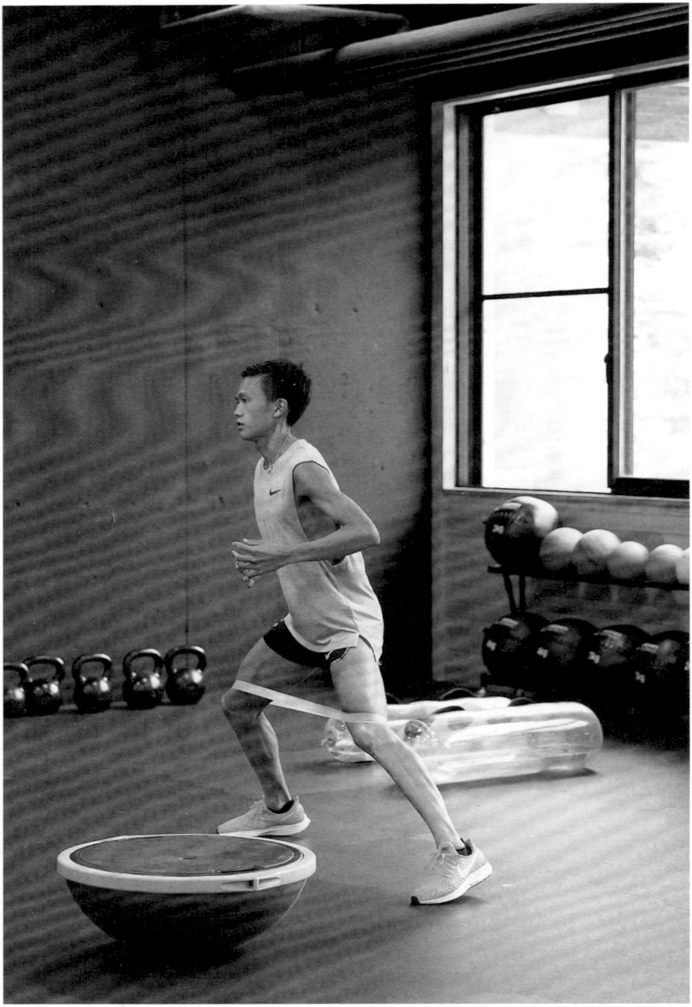

经习以为常。如今再做力量训练时,我不会再感到肌肉酸疼,并且力量训练通过成绩的进步得以体现,可以得出力量训练适合我的结论了吧?有人在看过我的练习后,表示我的练习很有效,这可能是旁人才会有的感觉。我自己并不知道我的练习与其他人有什么区别,让我自己来说,我甚至分不清现在的自己与刚去俄勒冈时的自己有什么区别。积累的过程很重要,而当下的结果更有意义,但不需要与已经过去或结束的事做比较。因此,虽然我也会偶尔做备忘录,但没有写过练习日志。我认为训练效果如何,可以从他人对我的评价中得到答案。人们都追求立竿见影的训练,还没有看见成果就跳入新的事物里,但成果其实总是在你已经忘记的时候,才会不知不觉显现。

掌控不安

以前我不擅长控制不安的情绪，比其他人更容易焦虑，并且常常被不安与焦虑的情绪左右，因此在高中时期经常挨两角速老师的批评。

成年以后我才明白，根据个人成长环境的不同，高中生之间会产生很大的差别。我的话，算是大器晚成的类型。高中刚入学时，身体还没有发育得这么好，与同年级的学生相比我算是比较瘦弱的，在初三的时候还与我旗鼓相当的选手，这时与我拉开了差距，对此我很焦虑，觉得本来不应该发生这种情况的。为了追上他们，我拼命提升训练的强度，明明自己也很清楚身体上的差距，但在比赛中还是会勉强跟上他们，最后阶段一旦落后就开始焦虑，早早开始冲刺。说起那时候失败的练习或者比赛，可真是数不胜数。

当怎么练习都无法进步时，不管是谁都会感到不安。但根据我的经验，一开始会十分在意，甚至过于在意这种处境，但在意过头后开始感到身心俱疲，无法坚持，就会进入一个新的阶段。我意识到自己不能局限于某一次训练，只要在其他训练中能够成长就好。在一个月的训练中感到疲惫时，我会告诉自己疲惫代表努力有了价值。初中、高中阶段我都在不安中坚持努力，每个阶段都让我受益良多。

因此我虽然认为掌控不安很重要，但是在高中毕业前，有这种焦虑、积极进取的心情也是一种难得。正是因为拥有这样的经验，我才收获这样的成长。

这与本来就很容易满足的人在一个月内成功说服自己不同。在那个年龄，为了追求卓越而不断练习，做不到的时候会坐立不安，痛苦难耐，但也能从中学到如何处理不安情绪。我认为，过去和未来都会在这样的矛盾中度过，这种经验极富价值。反过来说，如果一开始就耍小聪明，即使最后得到相同的结果，这种结果也没什么意义。拿我来说，如果我中学时就已经明白这些道理，学会聪明地应对不安，那当时应该没办法继续挑战了吧？

加入"俄勒冈计划"前，我也感到很不安。与众多杰出选手在一起训练，我没有他们那样的速度，可能必须牺牲自己的健康与生活拼命奔跑才能赢过他们。这让我很焦虑。

刚加入"俄勒冈计划"时，处于这种状态中，我的心情波动很大。当时我参加的主要项目还是田径，成绩很不稳定，一直在探寻如何与世界级选手比拼，只要身体出点儿状况，我就会焦躁——明明昨天还好好的，怎么会出问题呢？心情不断因为这类事情起伏，精神状态十分不稳定。

我曾和彼得教练探讨过，鉴于我的体格相对比较弱，是不是应该多做些练习。彼得给了我这样的建议："你这种想法不对，差距不在体格上，你应该抛开那些先入为主的理念。"虽然我也接受了他的看法，但是不安的情绪并没有消失。

直到里约奥运会前，我才迎来了转机。资格赛前一两个月，我的身体出了状况，这让我备感焦虑。我觉得自己必须提高训练的强度，但心里也清楚，如果不冷静下来，我甚至没办法好好参赛。我尝试读书、冥想，慢慢学习加上不断训练，终于揭开了不安的面纱。我开始意识到练习的成果会全部在比赛中得以展现，所以只要保持进取心，

掌控不安——113

并持续练习，不安就能得到缓解，心情上也会更游刃有余。

我能做到的只有尽全力练习，不安只是自己心中一个不真切的幻象，与其花心思与这种幻象较劲，倒不如把精力集中在眼前的事情上。

现在我已经知道自己能够征战世界级马拉松赛场，所以情绪变得比以前稳定了许多。

不过，一旦决定参加哪一场比赛，大约从半年前开始练习的时候，紧张和不安的情绪又会慢慢滋生。这时候我会告诉自己，这种不安并非来自他人，不过是自己的想象。

此外，跑步选手总会担心受伤，但无论再怎么谨慎，伤病问题总是难免的。重点是如何在初期处理伤病。当我觉得有什么部位感到疼痛或者不适时，不会完全就此不跑，而是把原定 2 天的慢跑计划延长到 3 天。正因为我不希望暂停训练，所以才能够敏感地发现身体出问题的征兆，将不适感降到最低。只要时刻关注自己的身体状况，就能减轻关于受伤的不安。如果让情绪受不安左右，全凭自己的意愿练习，可能一受伤就导致必须休息一整个月，这是跑步选手最避之不及的。偶尔降低一两天的训练强度并不会造成太大影响，因此我总是敏感地留心自己的身体发出的信号。

选手很难完全避免伤病，这也是运气问题。譬如我现在就很担心自己的跟腱，但即便真的受伤，我的情绪也不会受到太大影响，还能冷静地想想自己现在能做什么。我能够理解自己身体不适时仍想拼一把的心情。运动员能心安理得地休息是一种勇气，我也希望自己能够有这种勇气。

跑的距离和时间超过原定计划是我的缺点，哪怕教练已经强调过原定的练习量正合适，但我总想着跑得更快或者更远一点。我现在面临的问题正是如何消除这种欲望，因为这样大概能够让我的身体更游刃有余。

我无数次因为成绩不甚理想而感到不安和失落。但通过与不同的人交流，面对自己，我变得更加坚忍、强大。现在我固然仍会有情绪上的波动起伏，也会感到焦虑不安，但比起以前，我已经能够更好地控制自己的情绪了。

在《积累"当下"》中我也提到，越是困难的时候，越不能看得太远，而是要把目光放在脚下，一步步向前，就不会这么痛苦了。焦虑和不安都是由于和他人做比较，太过在意他人对自己的评价。只要看着自己脚下的路，就会明白你所经历的每一个瞬间都有其价值。

最终，我们只能在当下尽力做到最好。那么，就更应该积极思考自己现在能够做些什么，这是掌控不安的法门。

或许今后我会由于成绩下滑陷入迷茫或者感到痛苦，但我会正视这种状态起伏，有时候低潮也是必经之路。没有经历过痛苦挣扎，就不能获得真正的平静。即使我到时候又被不安纠缠，也只需要冷静地回归自我。

有时候我也会思考退役后作何打算，但现在只能尽我所能为退役生涯做准备，无法准备的部分，坦然接受就好，为此不安只是浪费精力。对于未来，不需要考虑太多，只要把目光放在脚下的路上就好。就算失败，也不至于会死，不是吗？

别给自己找借口

我讨厌借口，不管找借口的是别人还是自己。因为我确信，借口不会让任何事变得更好。

小时候我的父母就对我说，自己想做什么，要亲自拿主意。这句话让后来的我受益良多，也在很大程度上提醒我不要找借口。

打个比方，去餐厅吃饭，踌躇于该点哪些菜之际，有人推荐说："我之前吃过这道菜，很好吃。"你会怎么办呢？虽然心里还是想吃别的菜，但最终你还是点了其他人推荐的菜。如果这道菜口味不如预期，而其他人点的菜看上去又很美味时，你是否会后悔呢？是否会觉得，如果他不推荐这道菜，自己就不会点呢？但如果点了一开始自己想点的菜，即使它的实际味道也不怎么样，也只会让人觉得"毕竟是自己点的，就这样吧"，不是吗？即便是这样一个小小的决断，在受他人左右时，也会让人后悔。

但是话说回来，太过在意身边人的看法，没办法自己做判断，乃至根据他人意见做决定的人，出乎意料地多。做决定时向他人询问意见："我到底该怎么做才好呢？"然后遵循他人的意见去做，就算结果不理想，也算不上是提供建议的人的过错。但这类人常常会找借口，比如，"因为他那样说了，我才这样做的"。

在学生时代，有一名选手在入学时水平与我旗鼓相当。但他是那种习惯于依赖别人做判断的人，失败时总会埋怨："那个人就是这么说的。"这样是无法成长的。话说回来，完全信任他人，一旦事与愿违，只有自己看起来像个傻瓜。无论你觉得对方的话听起来多么正确，都应该在心中略微保持一些距离，客观看待。我就是我，我有无法让步的原则，指导员与教练同样有他们的底线，因此，双方开诚布公，在都能够接受的范围内营造双赢的关系就好。

团队、物件、人……在我看来，日本人特别容易依赖某种东西，需要更加独立。当然，断言我完全不会依赖其他事物，肯定是说谎了。不过，尽管我也会依赖，但不会完全依赖某人、某物，更没有必要谄媚他人。这样的依赖关系来得更轻松不是吗？完全依赖其他事物的人，喜欢在客观事物上找原因。或许是因为希望多一重保险，在失败的时候推卸责任吧？但这并不能让自己成长。我的事情，都是自己做决定，这也是为了让我尽量在自己身上找原因。当然，有人向我寻求建议时，我也不会拒绝，但如果接受建议的人不能体会这些建议的重要性，那无论我怎么说都没用。

我从其他选手身上学到了许多这样的道理。如果习以为常地依赖他人，总是找借口，那么不只在竞技项目上，在人生中也只能跟在他人身后亦步亦趋，这是一件很可怕的事情。尽管说只靠自己一个人无法生存，我们都是依靠他人生存下来的，但我们不应该过分依赖他人。

当然，自己的决断不可能完全正确，但至少自己做决定不会让你像随波逐流时那样感到后悔。不如说，这反而能够成为积极而宝贵的经验，这样做失败了，那么下次换一种方式就好。

还有一种是给自己找借口。

有人获得成功时，人们总是习惯寻找外因，譬如说鞋子，又譬如练习的环境。但如果看过我在"俄勒冈计划"

中进行的练习，可能大多数人会觉得出乎意料吧？总有人说我们依赖尖端的科学技术练习，或是穿着最新型的鞋子对成绩有多大的帮助，但在我看来，这种想法的出发点就是错的。选手濑古利彦在现役时期，一直以训练量巨大而闻名。上述想法与觉得濑古选手之所以取得成绩，是因为他很特别，性格狂热且高不可攀，普通人一定做不到别无二致，不过是说服自己的借口罢了。

只要稍加考虑，就能够明白濑古选手之所以取得成绩并不是因为他很特别。如果客观审视自己的经历，人们就会发现自己的努力程度究竟有多不够。没有一路坚持奔跑，就不能收获强大，最困难的是每天坚持平淡而普通的努力。一旦承认这一点，那么人们就会意识到自己不得不努力。因此，许多人都会为自己找借口，不是吗？

话虽如此，直到大学三年级之前，我都没有意识到这件事。当我一脚踏进"俄勒冈计划"的大门时，我不得不怀着抵触的情感承认这一点。莫·法拉与盖伦·拉普都进行着高强度、高质量的训练。就连世界顶尖的选手都不得不做到这种程度，我就更不得不有这种觉悟。当然，有些练习出乎意料地简单，我甚至怀疑，这样就够了吗？刻意将目光从未知的地方移开，就无法切实地感知这个世界，甚至与世界的距离越拉越远。虽然直面并了解自己不知道的事物确实会让人恐惧，但想变得更强大，就不能逃避。当然，对于我来说，觉得世界上没有做不到的事情，是巨大的激励。虽然我也不知道对世界了解到什么程度为好，但为了知道得更多我才加入"俄勒冈计划"，而当时面对这个世界的选择，现在已经变成我的力量。

脚有些疼，身子有点累，好好休息之后能够在下次的训练中做得更好……不想跑步的时候，人们总会找各种各样的理由逃避训练。但找借口谁都会，最困难的是自己找理由训练，并且在训练中全神贯注。我见过各种各样的选手，他们都会找理由拒绝训练，这可能也在所难免。但只要换个角度，就能感受到练习的重要意义，便会不向自己妥协，继续训练下去了。比如在马拉松练习中，肯定是脚疼的时候多于不疼的时候，因此脚疼根本不足以成为放弃练习的理由。

当然，也会有真的身体不适的时候，这种时候给自己设立一个适合自己当前身体状况的目标就好，完成时一定能够获得成就感。在佐久长圣高中时，我见过受伤的选手为了控制自己的体重，在水里进行 2 小时跑步机练习，或是连续蹬 4 个小时的自行车。虽然这是迫于客观环境不得不做，但他们毕竟磨炼了自己。跑 40 公里时，如果在 20 公里处就感觉脚疼，那还可以先返回训练场，在跑步机上用自己不会感觉疼痛的速度完成剩下的 20 公里。但多数选手并不会这么做。

我打心底里觉得，没有不努力的理由。最应该对自己说的第一句话就是："我不得不努力。"可以考虑一下想跑到某个目标时间，或者是跑完 40 公里后吃点什么东西，给自己一点小小的激励。也可以找一些小小的借口，比如我明天也要跑 40 公里，今天吃一点儿蛋糕也没关系。如果不对自己做一些这样的让步，确实会让人紧绷到疲惫。但在与田径直接相关的部分，绝不能妥协。应该给自己定一个明确的分界线，可以在哪个部分对自己放宽些要求，哪个部分决不能让步。

可能我们应该更简单地思考吧？人们总会找借口，但实际上只需要通过 4 个标准判断就好，做到了、没做到、做了、没做。借口这种东西，真的有价值吗？当然没有了！因为脚疼没有跑完全程时，只需要虚心接受自己没有跑完全程这个事实。为自己没有做到的事情找借口也于事无补，简单地判断自己所做的事情就足够了。

说起来理所当然，所谓结果不过是现在的积累而已。

有时即便你拼尽全力，也还是没能成功，但要是不去做，就完全不可能成功。因此，除了着手去做，没有别的路可走。

偶尔也有不努力就取得好成绩的情况出现。学生时代，有人对我说，比赛的结果是练习加上偶然因素决定的。有些不怎么练习的选手也曾经取得良好的成绩，我那时想过为什么他能够跑得这么快。但是这毕竟是不可复制的结果。不怎么练习却依靠偶然因素取得好成绩这种事情，对我而言没有任何意义。敷衍了事地做着轻轻松松的练习，10次只有1次跑好，真的是一件值得开心的事情吗？比起这样，我更愿意脚踏实地进行大量训练，可能这样会花费大量的时间，但只有通过这样的努力所取得的良好成绩，才有真正的价值。如果你想在10次中有9次取得好成绩，那除了踏踏实实地坚持跑好训练中的每一步，别无他法。但多数人都会在这个过程中选择放弃。

此外，我认为有些理由是有必要找的，特别是为了让自己更进一步的借口。没能在里约奥运会中取得理想成绩时，我绞尽脑汁在自己身上寻找值得骄傲的地方。我告诉自己，更好地发挥自己的长处，能够让自己在下次取得理想的成绩。这样一来，我能够更加专注于自己所擅长的领域，而非纠结于自己能够做得更好的地方，或者自己无法控制的生理现象。这种借口，可以说是面向将来的借口，能够让自己平静下来。

在取得良好成绩时，我同样会反省自己；在成绩并不理想时，我会在自己身上寻找闪光点。我认为重要的是，不要被关系浅的人的意见左右，通过自己的眼睛，或是和一直支持着自己训练的教练复盘比赛，反思自己。

我在芝加哥马拉松赛上打破了日本纪录，虽然这个成绩我也能够接受，但是毕竟没有取得第一名的胜利，也没有能力赢，因此，我告诉自己依旧需要继续努力。

当成绩不好时，我也常常找理由告诉自己，努力过了，尽了 100% 的力，没能取得好成绩也是没办法的事情。因为最大的失败，是情绪上的失败。

2019 年东京马拉松赛是我首次在马拉松中中途退赛，因此比赛受到高度的关注，被大肆报道。许多人都关心我的身体状况，担心我是否陷入了低落的情绪中，但实际上，比赛结束的那一刻，我心里只把退赛看作比赛中再平常不过的一个瞬间。这虽然是我首次在马拉松赛中弃权，但实际上，我在田径比赛中弃权过好几次，比如说 2015 年 5 月那次为了打破纪录而参加的 10 000 米日本代表选手权大赛。对我来说，弃权不过是比赛中的一种选择，当然这会让我很不甘心，但既然这次没能达到自己的目的，那么只能从中吸取宝贵的经验，继续努力前进。所以，我并不想为自己退赛找借口。无论是马拉松还是田径，没能取得理想成绩时，不甘心的心情是相通的。但从东京马拉松赛这次事件中，我已经明确自己今后应该做些什么，对我来说真正必要的是什么，并且已经下定决心，只要一如既往地继续练习下去就好，因此这次我的心情转换得比田径比赛退赛时更快。

但我认为作为一个职业跑步运动员，绝不能向别人展示"面向将来的借口"。职业跑步运动员的定义有些模棱两可，但是我绝不想让身边的人知道我的借口，这会让我很尴尬。专业人士绝不能有如此业余的举动。

比起实业跑团的选手，我们花在跑步上的时间更多。实业跑团的选手就算想参加某项比赛，只要比赛时间与队伍需要参加的接力赛等项目有冲突，他们就需要以队伍的目标为先。从这种意义上来说，我能理解实业跑团有点让人不自觉地想找借口。我并不执着于自己的职业身份，不过是选择了自己想要的环境，恰好成为专业跑者而已。但从这个角度来看，对我来说，展现出不断前进的态度很重要，我也有义务成为一个富有魅力而且让人钦佩的选手。

不论前路如何,既然是自己的选择,那么就不要后悔,应当肩负起责任。

关于立目标

我设立目标的方法很简单，或半年或一年，定一个大的目标，之后就只需要粗略地定下为了达成这个目标自己需要做哪些努力。就算已经确定了要参加哪场大赛，也与彼得教练进行了商讨，其实也很难确定十分详细的训练计划。最多也就是在赛季开始时，与彼得教练探讨这次比赛应该以什么为目标，怎样做，商讨的结果也往往只是确定接下来一个月，短的话甚至只是一周，应该做些什么练习，然后讨论决定这个月是否需要加大训练量。剩下的就得等到训练的时候再讨论，然后专注于此前定下的训练流程努力而已。不过训练时确定的目标时间以及每周跑多少路程等，都与此前确定的大目标有关。我从来没有提前太早确立各种小目标或者是中间目标，但重要的是，确立大致方向后，之后的每次决定都要与大目标有关。

至于心理调节，则会与其他工作人员商讨。比如列举出自己应该做的三件事，或者说上次大赛存在不足的地方，这次应该这样改进，等等。

在日本时，虽然我也会定下大的目标，但关于如何实现，总觉得有些模棱两可。即便现在我看到日本选手时，仍会觉得他们也是如此。

举个例子来说，有些比赛明明只是为了实现大的目标，作为练习的一环而参加的，但许多选手依旧会迎合比赛调整自己。我认为这可能是因为没有明确自己的最终目标吧。比如一个选手以在半年后的比赛中打破 10 000 米纪录为目标，那么他就不该为了这场比赛前一两个月举行的比赛而大幅减少自己的训练量。当一个选手以一项比赛为目标而训练时，就应该为这个目标倾尽全力。如果只把目光放在最近的比赛上，那就会本末倒置，从而忽略自己的最终目的。这么一来，很可能导致中间参加的比赛成绩还算不错，但是在最重要的比赛中没能得到自己想要的成绩。照理说，练习应该是将一个个点连成线的过程，这么做就像是让自己停留在某一个点上。为了达成目标，自己需要

100%的力量，本就应该保存力量，直到在目标比赛中释放出来，如果中途就把力量消耗了，那么目标大赛真正到来时，力量就不够用了。我与大家一样，打破纪录时都会感到畅快，也理解选手会为了眼前的胜利牵肠挂肚的心情。但最重要的始终是不要忘记自己的最终目标。

我相信，所有人都能轻易发现自己的最终目标。但更为关键的是，不要为开始或者中途的成绩所左右。当然，时间也很重要，但还是应当在确定最终目标之后，专注于当下。

能够在以练习为目的参加的比赛中取得良好的成绩自然很好，但如果成绩不太理想，也不必太过在意。因为这不过是练习的一部分而已。没有人会为了练习提前一个星期调整自己的状态吧？有必要把中间的比赛理解为有些紧张感的重点练习。

但日本的环境给我一种感觉，这样是不被允许的。就算选手把这场比赛理解为练习，教练与团队经理依旧会执着于比赛成绩，为选手的成绩时喜时忧，并以"一场论"给选手下定义。日本总是充斥着这样的氛围，选手只要参加正式比赛，总会有人根据比赛结果的好坏判断他的能力，如果没能取得成绩，就会遭受非议。但从选手的角度来看，这场比赛其实不过是练习的一部分，只需要在比赛前一天稍做调整。在竞技项目中，选手一定会有状态的起伏。我在东京马拉松赛以及一些田径赛季中，也有过状态低迷的时候。因此，作为选手，我有必要将目光放得长远一些，判断这场比赛到底在自己的最终目标中扮演什么角色。

孩子们尤其容易局限于眼前。我们不应该指望孩子们自觉意识到长期目标的重要性，应该由指导者按长期目标来安排他们的日程表。我所说的目标不仅限于某场比赛，还包括他们之后的竞技生涯。对于指导者或者教练来说，不为眼前的事情感到焦虑是一大课题。

最糟糕的情况是，指导者与选手的目标不同。想跑接力赛的选手当然会以接力赛为目标，但让想跑田径的选手加入接力赛队伍，目标就无法达成一致。以田径为目标的选手希望在 4 月~8 月的田径比赛中展现自己的风采，但为了接力赛的成绩不得不进行接力赛练习。我认为本来这不能让步，但选手又不得不听从指导者的意见。在这种情况下，如果选手最终选择放弃，那实在可惜。

即便我没能实现自己的目标，也只会对训练做微调，不会做什么大的改变。这也是与指导者交流的结果。如果只以我自己的想法进行训练，那么我很容易练过头。但现在我与彼得教练的目标一致，在他的指导下，我在训练中找到了平衡。当然，我是我，他是他，大家都有自己的原则。但我们两人的目标相同，因此能够开诚布公地听取对方的意见，这有重要的意义。

对于 2019 年的我来说，最大的目标是 MGC。我只专注于思考为了在 MGC 中拿出 100% 的实力，我必须做些什么。小目标只是过程而非目的，虽然也可以作为指标，但不能将其视为终点而为其努力。我认为这些小目标是为了实现最终目标而必经的过程。

那么，为了 MGC，我做了什么规划呢？我想得最多的还是稳定地完成练习。在东京参加比赛，站到聚光灯下，我难免会想得太多，控制不住地感受到压力。如何控制自己的情绪，跨越这样的障碍也是一个重要的课题。我一直在与团队的工作人员讨论，怎样才能让自己在任何情况下都保持一颗不卑不亢的心，以平常心应对各种情况。人的状态会有起伏，有状态差的时候，也有状态好的时候。坚定不移，不因此患得患失，尽自己当下最大的努力。如果能够真正做到这一点，我就有获胜的自信。虽然我已经说过很多次，但最重要的不是去做什么特别的事情，而是为了实现目标避免无谓的琐事。

当然，我会考虑东京奥运会的事，但如果不能在 MGC 中取得好成绩，东京奥运会的事想也没用，我目前也没多余的时间考虑。

虽然我在竞技方面没有设立什么十分长远的目标，但在竞技之外，我希望以后能够成为一名指导者。为此，我在回日本时会提供一些跑步方面的咨询，这也是为了自己的将来做打算。2018 年，我开展了一次面向高中生的咨询活动，那时候彼得教练也来观摩过。

他也想了解我在训练之外的个人时间里都会做些什么。虽然他在观摩后并没有给我什么指导方法方面的建议，但也建言，作为指导者，不应该只考虑自己，应当把目光放在我们能为下一代做些什么上，这非常有意义。

定下成为指导者的目标后，我回顾了自己的成长历程，并探寻自己的独到之处，即有什么东西是只有我才能传授给下一代选手的。还有，时机成熟时，我该如何与新生代选手建立联系？现在在日本，想成为田径选手，除了初中、高中、大学、实业跑团，几乎没有其他的途径。就算加入了实业跑团，也没有多少选择的余地。如果选择进入大学，也可以一边念书一边到美国进行训练，甚至可以在攻读博士学位的同时继续竞技生涯。如果能在大学毕业后再选择自己的出路，选择面也广得多。如果选手在高中毕业后想直接进入美国的大学，我也能给出一些建议。当然，训练方面的指导工作也很重要，但是在某种程度上，这种活儿谁都可以做。虽然我现在还有些迷茫，但我想，或许我最应该做的是创建这样一个流程，让新生代选手拥有更多的选择，并在这样的状态下将接力棒递给他们。

我此前在社交网络上发消息给日本田径联盟也是为此。其实不只是田径，人如果只置身于小圈子中，就会认为发生的所有事都理所应当，并且一直这么下去。比起解决问题，在小圈子里的人更倾向于保持现状，随波逐流。我在日本时，也忽略了许多东西。但离开日本，置身于外部环境后，我幸运地发现了各种各样的问题。当然，有些事情或许是置身事外的我所不能理解的，但正因为如此，我才更应该努力去理解它们。当人们不认为这个世界上有无法理解的事物时，他们只会把无法理解这件事的人当作异类去排挤。关于那条消息，当然我的出发点是质疑自己为什么不能上场，但越想越觉得这么做对自己和其他选手都不够尊重，对他们也不好。我是为了唤醒大家对问题的重视才发布的。

当然，无论是我发表的建议，还是我对新生代选手的指导，都必须在我取得成果时才有说服力。我想，当我达成这个目标时，自然就会明白下一步我该做些什么吧！

专栏
执着于第一

在小学四年级之前,我在赛跑中一直都是第一名,四年级时我首次落到第二名。那时候我十分不甘心,之后不久,我不断在手掌中写着"第一名"。早上起床后,我会先写一遍"第一名",才出发去学校。我记不清这种行为到底持续了多久,但是从小我对第一名的执着就没变过。

虽然只是些琐事儿,但假如停车场中的1号车位空着,我就会想把车停在那儿;在用储物柜时,就算困难,我也会选择比我脑袋的位置还高的1号柜子。不管2号柜子在多方便的位置,只要1号柜子空着,我一定会选择1号柜子。如果1号柜子有人用了,那我就会选11号,如果11号也有人用,那就选111号,如果又被用掉,那就是10号……无论在哪儿,我都想选择有1的编号。就算没有,我也不会感到有压力,但是会想,如果空出来了,我一定要用上。从我的角度出发,我反而会问:"为什么不选1号?"虽然我在学习上实在没办法拿到第一名(笑),但在无关紧要的地方坚持永争第一也很重要。

一直写着第一名，第二天却突然不写了，一直用着1号柜子，第二天却用了别的柜子，这说不定会让自己从第一名的位置上掉下来。如果没有这么做，我就会觉得自己可能会输。如果在这种地方偷懒，或许会受到巨大的影响。时至今日我仍然会在意这种感觉。

另一方面，这样执着于"第一"，有时也让人愉快。在马拉松中也一样，虽然结果最重要，但成绩绝非马拉松的全部。因此，虽然我对"第一"这个目标有执念，但是并不会太过执着于自己是否真的取得了第一。

虽然我执着于"第一"，但我不会有我要胜过这位选手或打败那位选手的想法。就算自己在团队中是第一名，但把我放到国际上，用更长远的眼光来看，我称不上是第一，甚至算不上有分量。即便拿到一次第一名，如果就这样停止进步，那这个第一也没什么意义，不是吗？所以，我希望自己一直有挑战的对象，希望让自己置身于充满挑战的环境中。

给孩子们的话

我希望将来能成为一个指导者，正因为我去过美国，所以我有些能够传授给新生代选手的经验，但我也是初次以指导者的身份面对小选手，希望能够与学生们一起成长、学习。也因为这样，现在还没有正式成为指导者的我，不会给孩子们提什么奇怪的建议，但我希望在这本书里，能够向大家传授一些我在竞技生涯中积累的经验。

　　尽管这是老生常谈，但首先还得说，不要成为一个除了田径之外一无所知的人。我认为，比起除了田径没有其他选项的人生，还是有各种各样经历的人生更加丰富而精彩。其他的运动也好，学习也罢，积极尝试不同事物。假如是通过田径进入高中或者大学，那么不管愿意与否，这几年都会与田径挂钩。因此，至少在初中结束前，不要只将目标放在田径上，多多拓展兴趣对自己更有益。我就因为没有这种体验后悔过。至于未来的路，并非只有高中、大学、实业跑团这几个选项——一边留学一边继续竞技也并非遥不可及。为了给自己更多的可能，我希望各位能够多多挑战各种各样的事情。

尤其是在运动上，希望各位去尝试其他竞技项目。我在小学时，曾经尝试过棒球、游泳以及剑道。跑步是一种简单的运动，只需要考虑继续向前跑。多尝试其他竞技项目，不但能够提升你的身体素质，让你学会各种不同的动作，足球、棒球等项目更能让你学会团队竞技。年轻时，不要太过认真地让目标停留在跑步上，把它当作一件快乐的事就好。尤其是小学时，更不需要每天都跑。就算要跑，跑到让自己的身体活动起来的程度就好。进入大学或者实业跑团后，不管你是否情愿，压力总会到来，会有烦恼或者是艰辛的时期。如果小时候能够放松心情，并在跑步中找到快乐，那么长大以后，就不会忘记跑步的愉悦。希望各位能够体验各种竞技项目，学习各种各样的技能，并在将来的运动生涯中派上用场。

在饮食上，喜欢也好，讨厌也罢，保持营养均衡很关键。

我小时候也喜欢吃零食，每天都想喝可乐，但一直这样对自己没有好处。中小学时期正是长身体的时候，饮食对于身体的成长以及成绩的提高来说尤为重要。现在流行的说法是跑步运动员体重轻一点儿比较好，但在成长期勉强控制自己的体重，会给身体发育造成不良影响，因此，这个时期不要太过在意体重，好好吃饭很关键。

我在孩童时期睡得很早，基本上9点就睡了。长身体的时候，能睡就睡更有好处。成年后练习的重要性会提高，但是我认为在中小学阶段，营养以及睡眠比练习更加重要。

此外还需要培养自己的思考能力。并不是说让孩子不要相信大人，但对别人提出的意见，应当自己仔细思考才是。就算是指导员或者教练的意见，也应当认真考虑自己是怎么想的。别人的意见终归是别人的意见，有时候里面会掺杂个人情感。我建议大家在听取别人的建议的同时，花一些时间审视这个意见对自己是否适用，是否有益。

孩童时期，身体生长的情况各不相同。在成长期，有时候努力不一定就能马上有收获。这种时候，不要妥协，继续坚持训练就好。

在成长的过程中，你们可能会感到烦恼，这时候，让自己陷入烦恼之中，仔细体味并思考烦恼的意义也不失为一种方法。常常会有人问我，自己要怎么做才能变得更强大，我认为，无论什么竞技项目，都是练习的不断积累，不努力就不会变强。不在训练中吃苦，就不能跑得更快，在情感上也是一样，没有经历过痛苦和烦恼，不尝试理解自己的情绪，就不能向前迈进。去想，去思考，没有什么问题是没有答案的。或许你最终得到的答案并不正确，但毕竟你得到了一个结果。在烦恼过后找到的答案极具价值。我见过许多自尊比较低的选手，一旦得不到他人的认同，就会崩溃，好不容易才得到结果，只要受到他人的质疑，就会怀疑自己做得是否正确。不用说，我也希望得到他人的认可，不过希望大家能够牢记，尽管怀疑自己也很重要，但只要脚踏实地努力再努力，最终你会找到自己能够坦诚接受的答案。

年轻时，你可能并不能清楚地知道自己烦恼的到底是什么，但我觉得年轻的时候，保持自信，尽管烦恼就好。这样的经历绝不会是徒劳。

给家长们的话

我的父母对我一直是比较放任的态度，只要我做自己喜欢的事情就好。进入中学后，由于学校没有田径部，父亲还特地为我找过田径俱乐部，每周一次，接送我往返于町田市到江户川区之间，单程需要约一个小时。为了保证我营养均衡，母亲精心设计了菜单，每顿饭都会做羊栖菜，让我补充铁元素。

如果让我提些关于饮食的建议，那么我会说，羊栖菜中含有植物性铁元素，考虑吸收效率的话，在食谱中加入动物肝脏一类的食材会更好。我的母亲能够每一顿饭都考虑到营养均衡，实在难能可贵。希望各位父母也能够为孩子多多努力。

虽然父母给了我这么多支持，但在竞技方面，他们从来不会对我指手画脚。对于比赛结果也一样，他们可能会为我的好成绩感到高兴，但不会讨论我的比赛情况。从开启竞技生涯到现在，我从来没有感受过来自父母的压力。我不太喜欢分享，所以从没有对父母提过比赛的快乐与不甘，他们也没有跟我提过他们对比赛的看法。

不仅限于田径，当自己的孩子参加某项运动时，父母总会全力为孩子应援。但这么做会让孩子感受到肩上的担子，渐渐丧失运动的乐趣。我觉得，我之所以能够努力跑到现在，正是因为我的父母从来不会给我过多的压力，我也一直能感受到跑步的快乐。

所以我想在这里对各位父母说，请放开手，让孩子自己去做吧！最近，我在回日本开展面向孩子的跑步咨询活动时，现场总是会有很多热情的父母。当然，我理解父母都会把孩子看得很重要，站在父母的立场上，支持孩子想做的事情无可厚非。但孩子的成长速度有差异，有时候即使拼命练习，也很难取得成绩。这种时候最焦虑、最苦恼的其实是孩子自己，如果父母再对孩子提各种各样的建议，会给孩子更大的压力。当然，如果孩子主动找父母商讨，那么提建议当然没问题，在此之前，还是请各位父母豁达一点，相信自己的孩子并在一旁默默声援他吧！

我能够理解父母希望为孩子做些什么的心情，但父母该做的并不是站到台前，而是告诉孩子他还可以这么做，他还有其他各种各样的选择，最后让孩子自己做决定，不是吗？我认为父母的责任不是为孩子提供动力，而是配合孩子的斗志。

当我回顾自己的成长历程时，我觉得其实我并不需要父母过于热心的帮助，也不需要父母对我有什么期望，倒不如说，我很庆幸父母从没让我有过这样的感觉。

我在育儿时也怀着相同的心情。我的大女儿现在6岁了，正是开始对许多事情产生兴趣的年纪。所以，当她说她想尝试什么东西时，我都会放手让她去试试。当然，如果她说她想尝试田径，我会很高兴，不过假如她真的这么对我说，我会告诉她可以试试田径，但是足球、排球同样有意思，给她提供尽可能多的选项。孩子很容易一头扎进眼前的事物里。因此在我看来，我们应该拓宽孩子的视野，为他提供各种可能性，让他自己做最终选择。原本为孩子寻找更多的可能性就不是孩子的义务，而是父母以及我们这些选手、指导者的责任。今天，即使孩子正在练习田径，他也可以挑战其他各种各样的事物。希望各位父母能够为孩子提供这种环境。

另外，在孩子年幼的时候，指导者的判断十分重要。孩子不会用长远的眼光看待事物。当他们想赢得眼前的比赛时，他们很容易勉强自己。这种时候，指导者就要清楚应当如何实现长远的目标。中学时，我有过在参加东京都大赛前还参加地区大赛的经历。按理说，在地区大赛上我只需要像平常训练一样就可以达成目标，但我想跑出好成绩，因此特地为地区大赛做了调整。当时的顾问老师判断，如果我在地区大赛上努力过头，在之后的比赛中就会难以为继，因此在3 000米比赛开始前，他要求我用30分钟的时间慢跑来完成比赛。他并不执着于那次比赛，基于长远的目标为我做了考虑。在我受伤时，他也要求刚刚恢复一点就想开始跑步的我等到痊愈以后再恢复训练。面对急切想取得成绩的孩子，大人应当做的事是以长远的目光对他们进行指导。教练与指导者正是为了实现这种平衡而存在的。

专栏
与42.195公里相处

不用多说大家也知道，马拉松是一项需要跑42.195公里的竞技项目。对于这个距离，我也会有恐惧和不安。

我有时只是单纯地认为这段距离很长，而回顾我至今的每一次战斗，几乎都是将我所有的能量一点不留地释放出来才能跑到终点。我当然很清楚自己足够强大，能够跑完一整场马拉松，但无法断言自己在下一场比赛中是否也能够同样释放自己的全部力量……每次这样想，我就会感到不安。我想，大家肯定与我一样有这种不安，一路的练习能够不断积累自信，但并不能让这种不安消失。

在最后的5公里中，只要稍一分心，就会因为脚抽筋摔倒，或者以摇摇晃晃的状态到达终点，每次我都以这样的方式跑完全程。在这种时候，如何保持自己的理智是一个重要的课题。我也会为自己下次是否还能做到这一点感到不安，为了解决这个问题，现在我每天都会与自己信赖的工作人员交流。

每次我跟他说我担心是否能够在 MGC 上取得成绩，最终都会讨论到尊重的话题上。这些谈话中让我印象最深的是，他曾经这么对我说："你是因为对长跑这项运动抱有敬畏才感到惶恐，这么想一点儿问题也没有。一点儿不觉得恐慌才是问题。对距离一点儿敬畏也没有的话，很容易会觉得'不过这点儿距离，很容易就能跑完吧'，这样想反而会吃苦头的。"这段话让我很有共鸣。

一旦真的起跑，所谓比赛不过是不断回顾自己目前为止积累的练习，反而没有余力焦虑、不安了。但即便明白这一点，我每次也都会抱着对距离的敬畏，迎接下一次比赛。

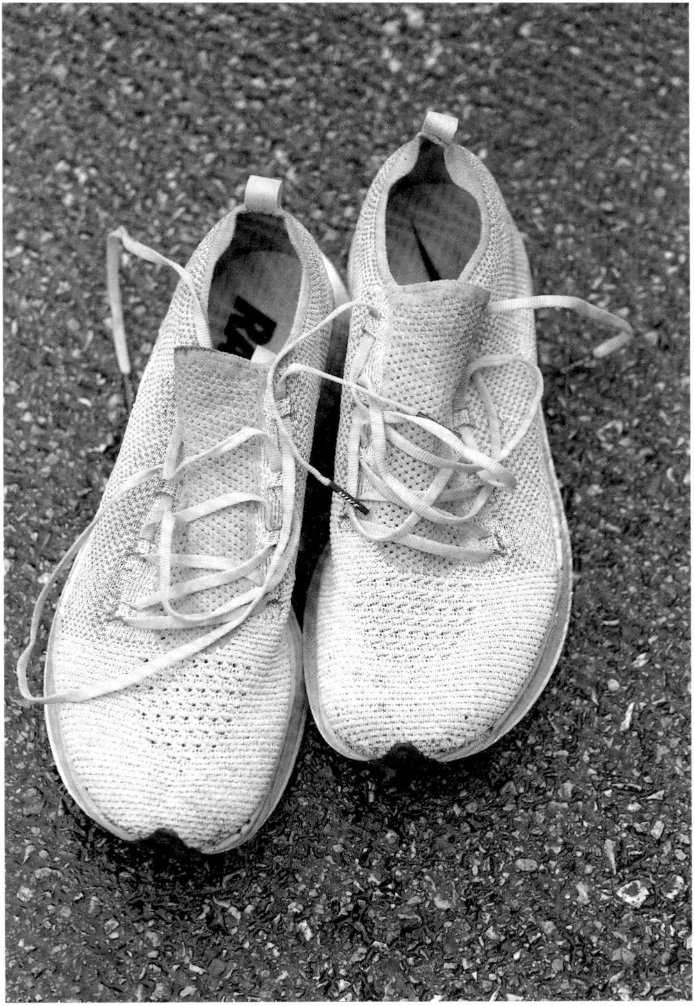

2019 年 6 月，美国波特兰

终章 奔跑,烦恼,然后发现的事

我也会在跑步中感到烦恼。也许说我的绝大多数烦恼都源自跑步更合适。因为跑步而烦恼时，该怎么排解呢？果然仅有的最好办法还是继续跑下去。珍惜这段独处的时光，继续奔跑，最终可以得出答案，这个答案并不一定是正确的，但我认为只要跑下去，就总能收获一个结果。

最后，我听到的不是他人的意见，而是自己内心的声音。虽然通过这样的方式找到的答案每次都是一样的，但不管面对什么问题，不经历这样的过程，我就无法得到答案。答案并非那么轻易就能找到，我一边奔跑，一边与自己对话，在这个过程中，能够让自己接受的答案会渐渐浮出水面。

2019 年的东京马拉松赛上，我并没有太大的情绪波动，老实讲，我甚至没有深入地考虑过退赛的问题，更像是处于一种无意识的状态。当然，我的目标是在这次大赛中取得冠军，就算做不到，至少也要拿到奖牌。但当我被先头部队拉开差距，并且开始感到寒冷时，我在跑完全程与立即退赛获得解脱之间权衡了一下。总而言之，那时我只感到寒冷和难受，继续跑下去只有痛苦。我甚至连考虑下一步的余力都没有，只觉得再也坚持不下去了，坚持跑完全程也没有什么意义，所以决定退赛。

　　尽管这么说，但在比赛结束后的休赛期，我还是没有办法完全让自己释怀。再度开始练习时，在跑步时间慢慢由 60 分钟增加到 90 分钟的过程中，我不断问自己，那时自己究竟是怎么了，随着与自己对话的时间逐渐增加，我的问题也一个一个迎刃而解。我不能断言自己已经完全脱离了那一事件的影响，但还是得到了一定程度的纾解，东京马拉松赛这块大石头终于落下了。

　　我家的跑步机前面放着一面镜子，在这台跑步机上跑步时，我会大声对镜子里的自己说："你很强，你很坚韧，你会成为冠军。"自从开始这样做，我学会了肯定自己，变得更加自信了。

我的生活中，既有这样重大的烦恼，也有许多更单纯的烦心事儿。举个例子，我会烦恼要不要剪掉现在的长发。我很想剃个光头试试，但是现在剃的话，会不会让人们产生奇怪的误解呢？我想打耳洞，但是我不知道身边的人会对这件事有什么看法。连这种小事，我都能在跑步中找到答案。不过，一边听音乐一边跑时，我有时候会突然兴奋起来，变得过于亢奋。（笑）跑完冷静下来，再回想一下，又会想："果然还是不该这么做吧？"跑步时，我会突然下定决心——一定要剃个光头！我这就去打耳洞！跑完我又会消极地觉得，还是等等好了。我烦恼这些事有两三年了，现在觉得这次是个好机会，干脆就去做了吧。（笑）

回想起来，从琐事到重要的问题，我每次都重复着相同的解决过程。我相信，在跑步的过程中得到的这些答案，对于现在的我来说是正确的。

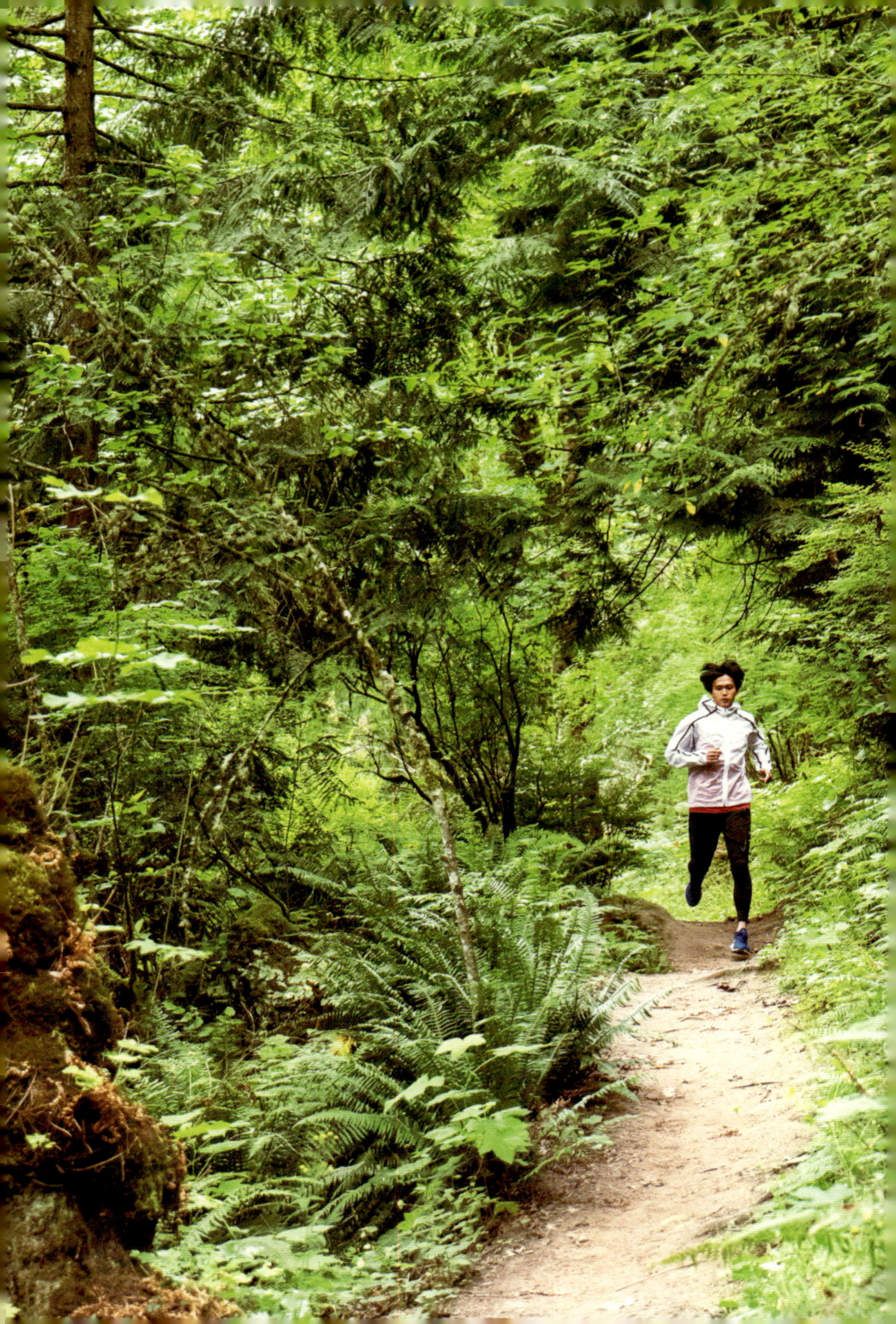

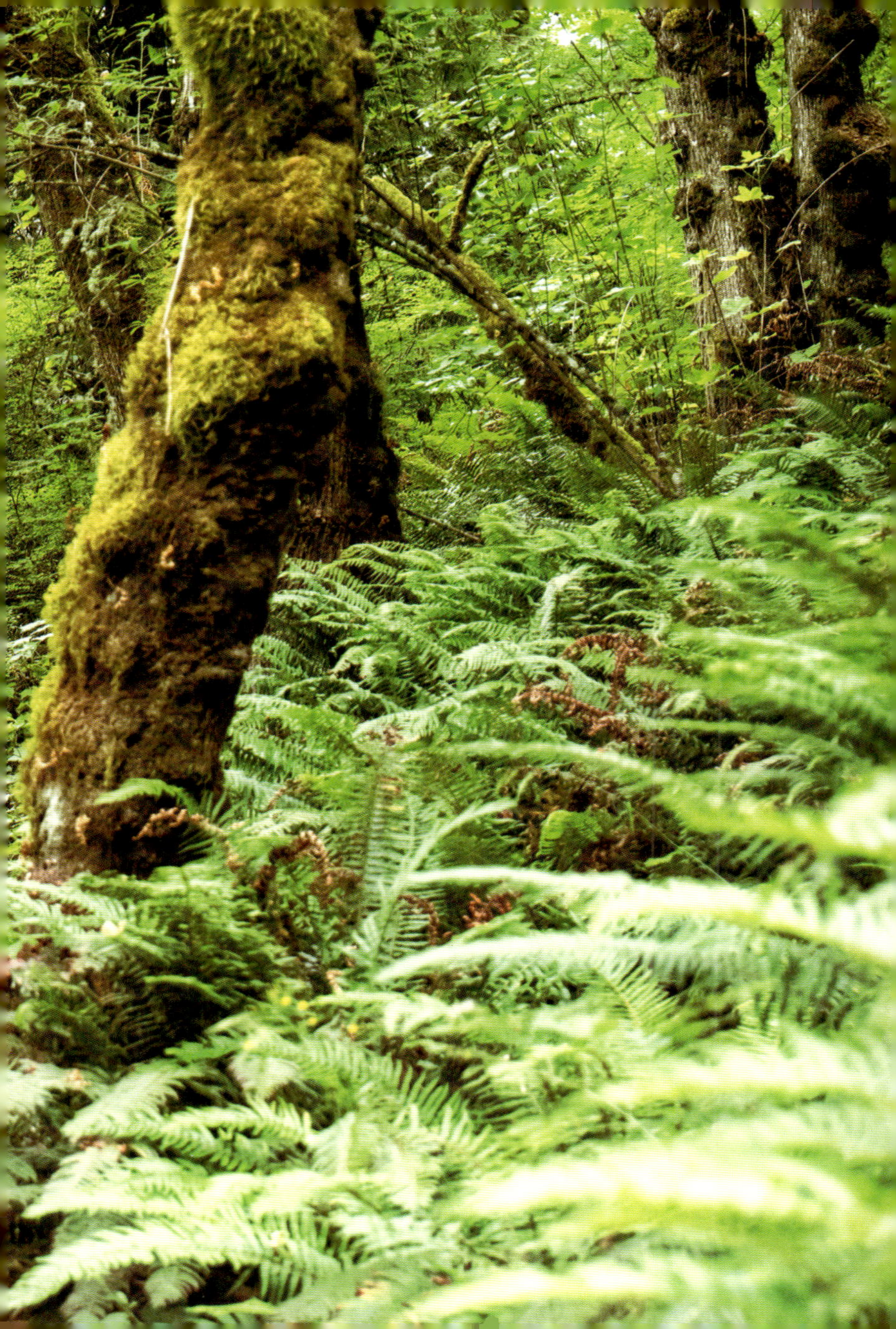

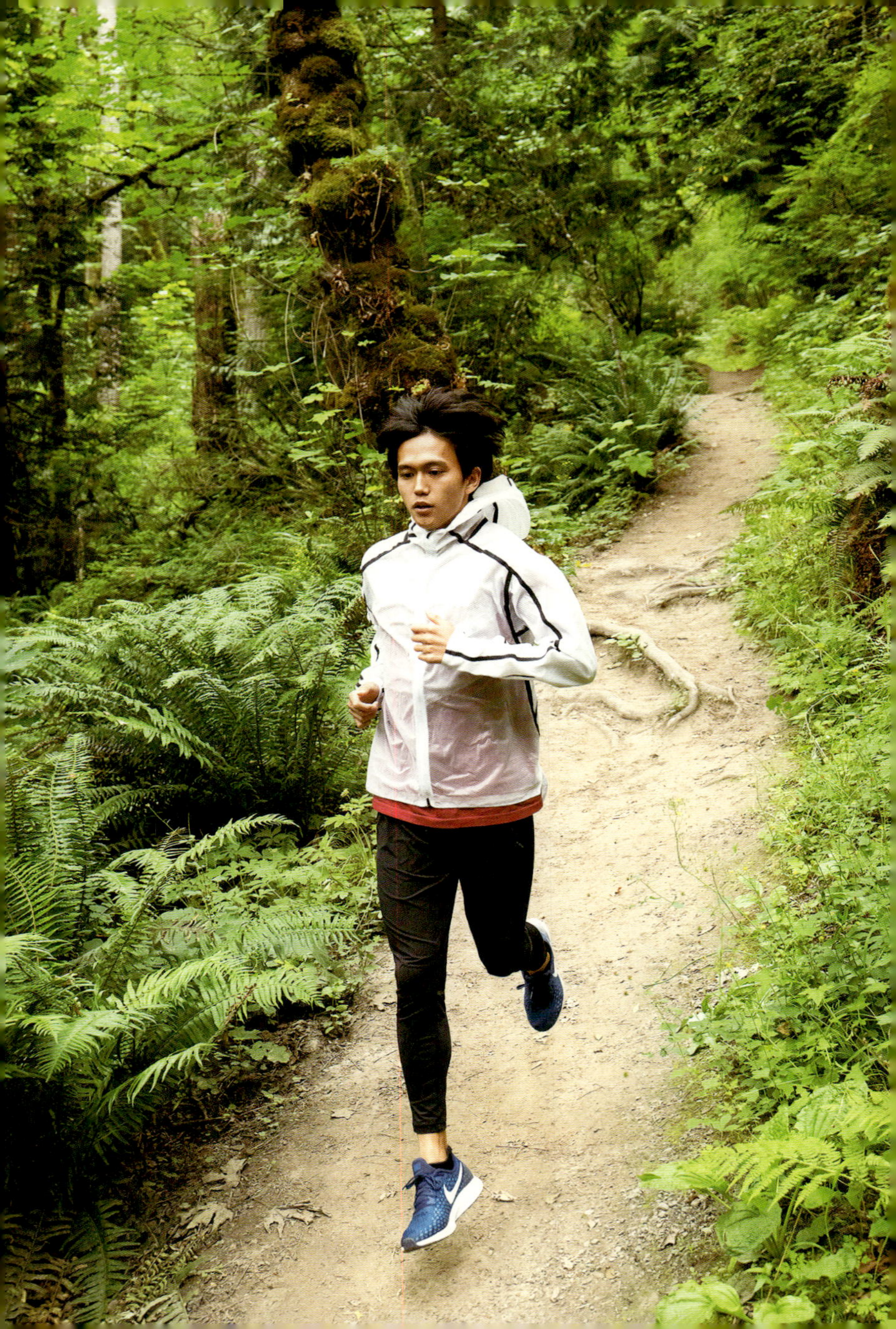

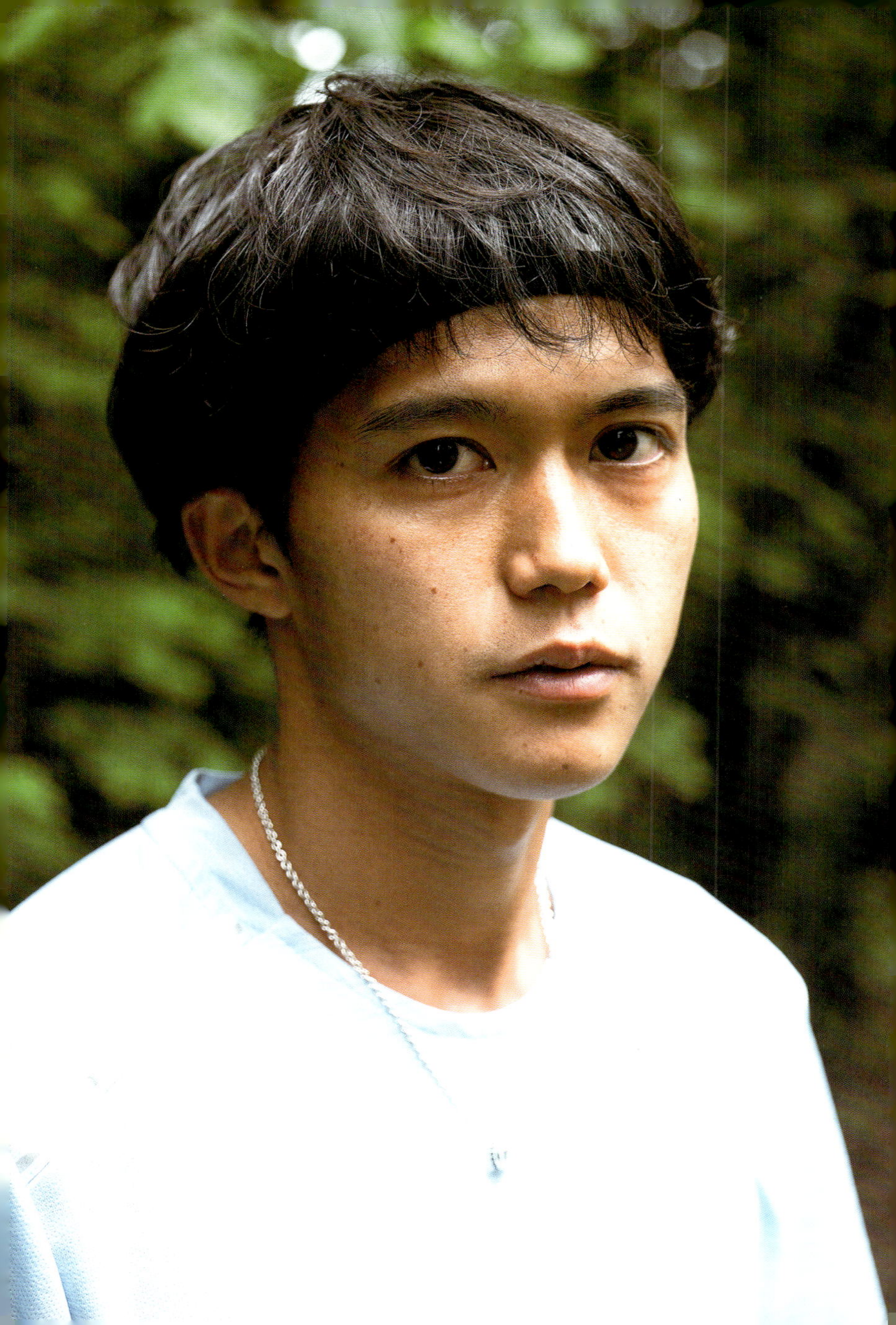

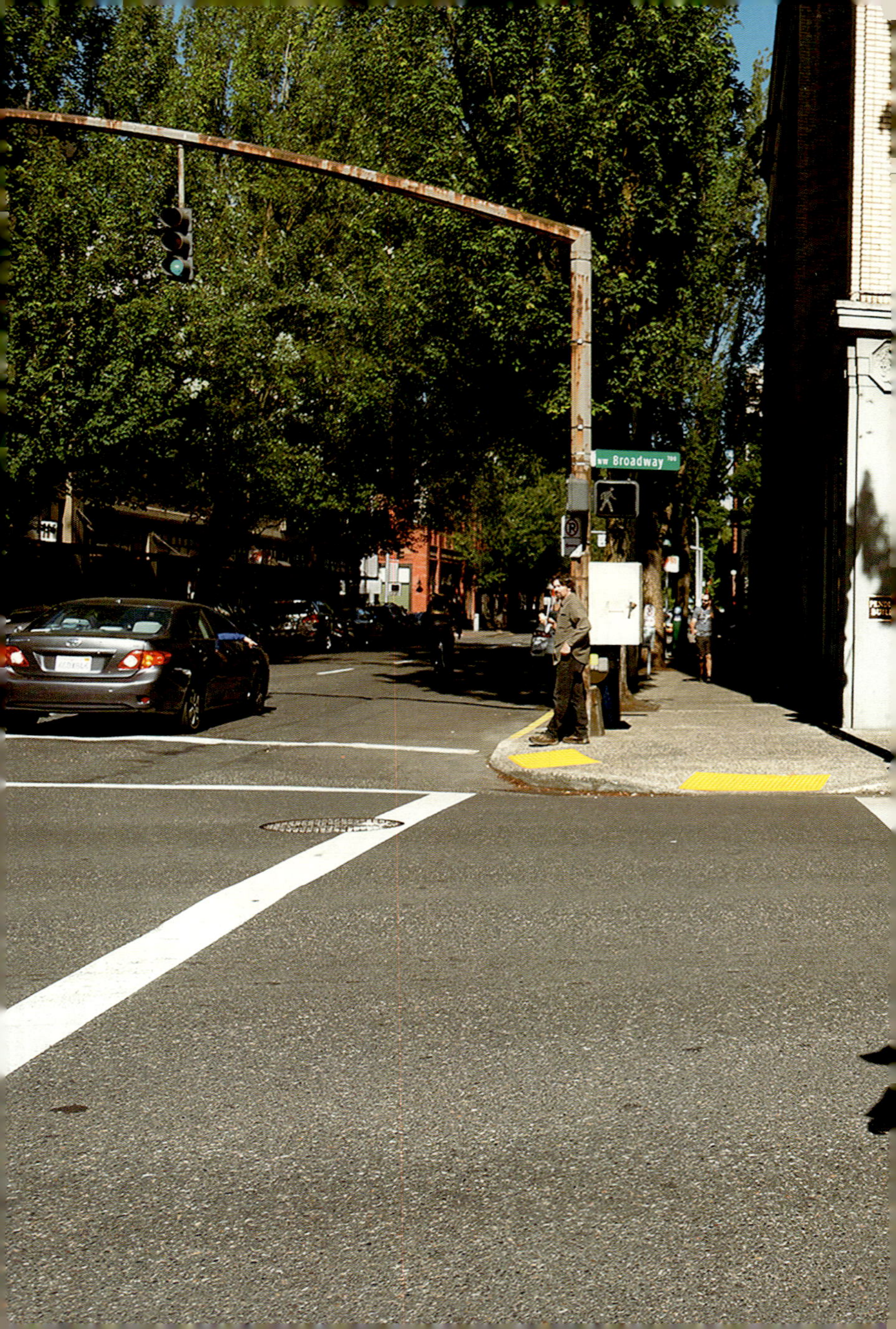
NW Broadway

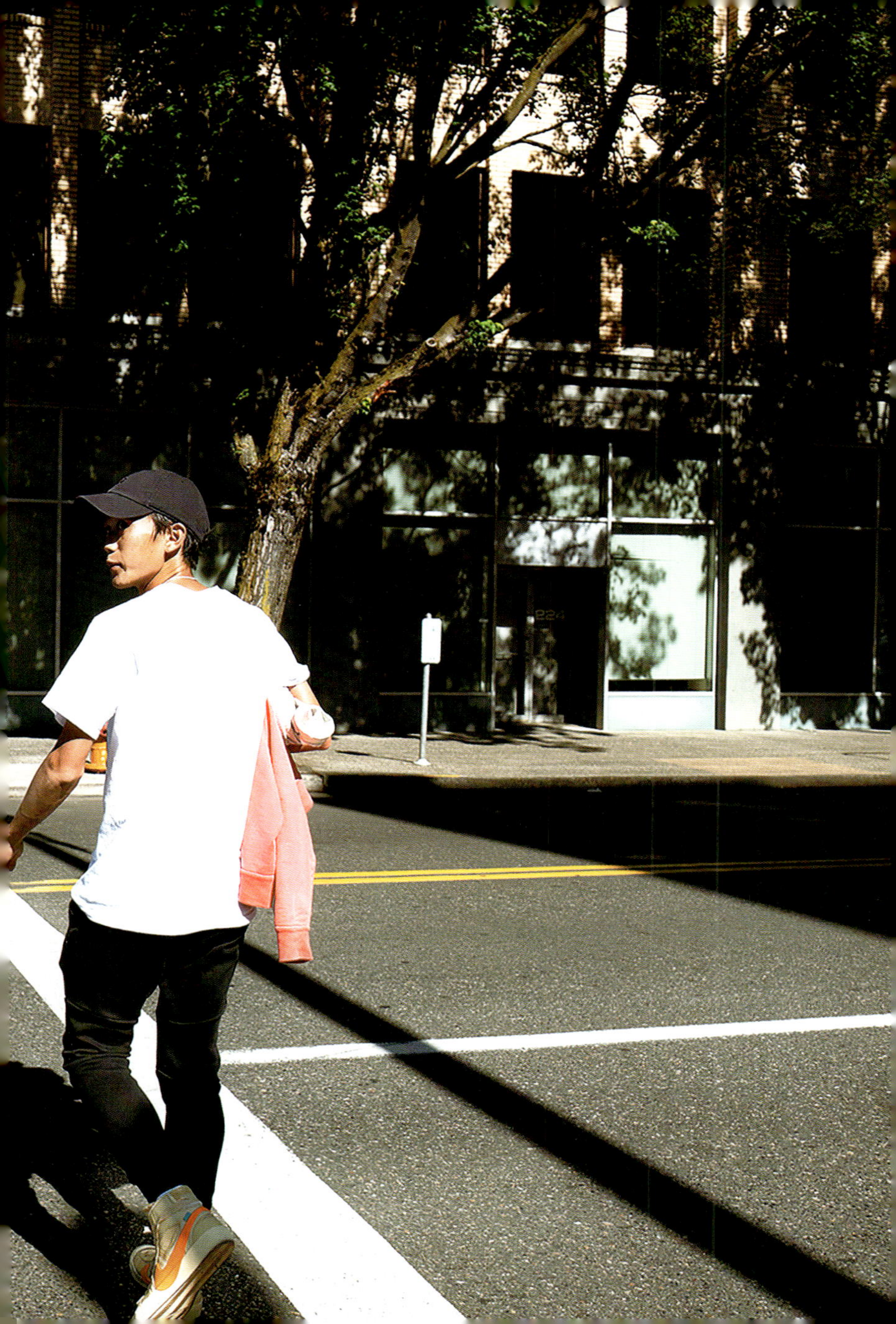
224

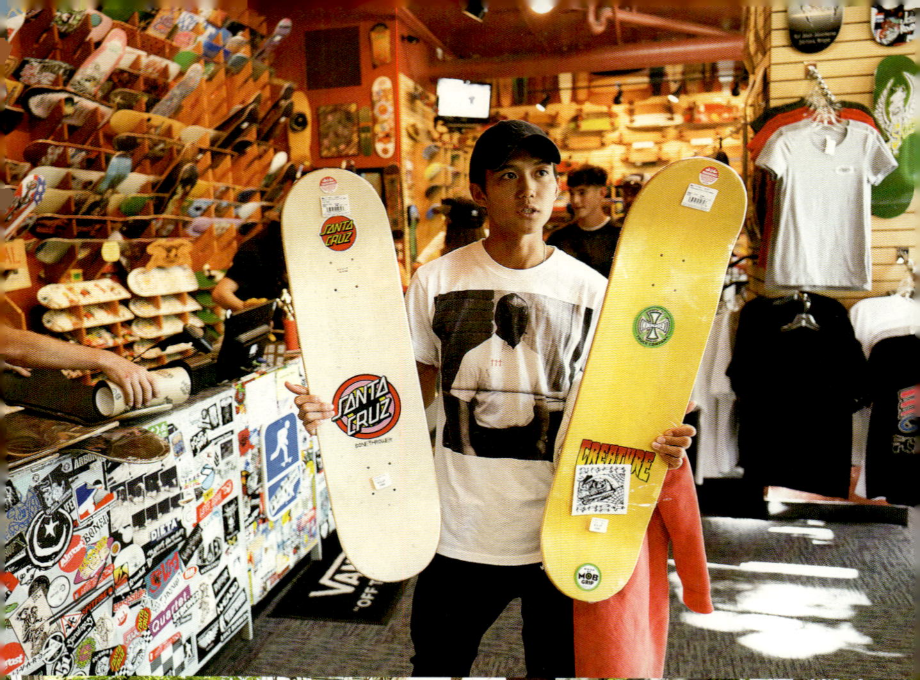
SANTA CRUZ
SANTA CRUZ
CREATURE

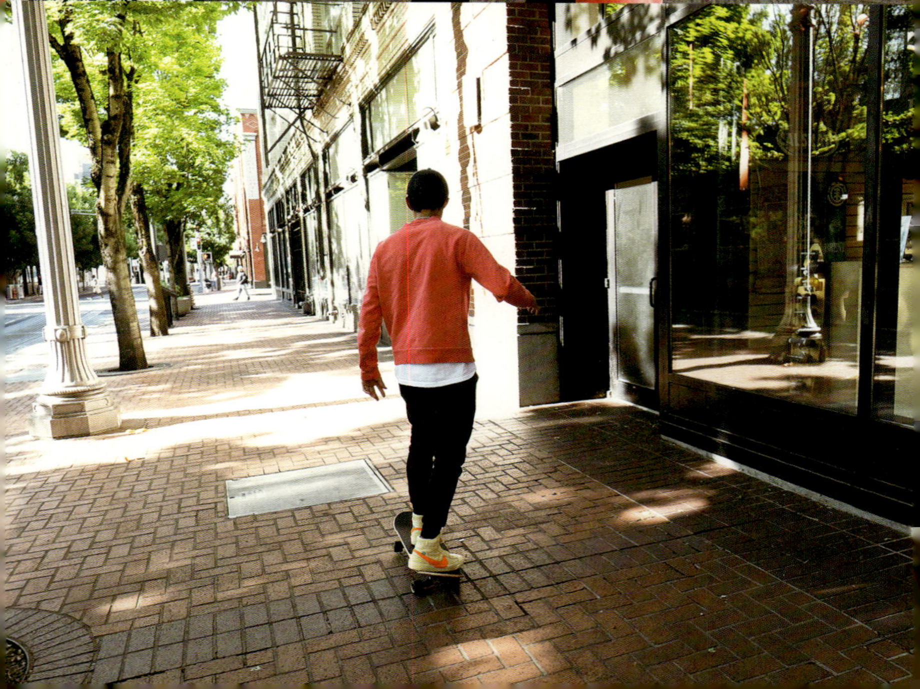

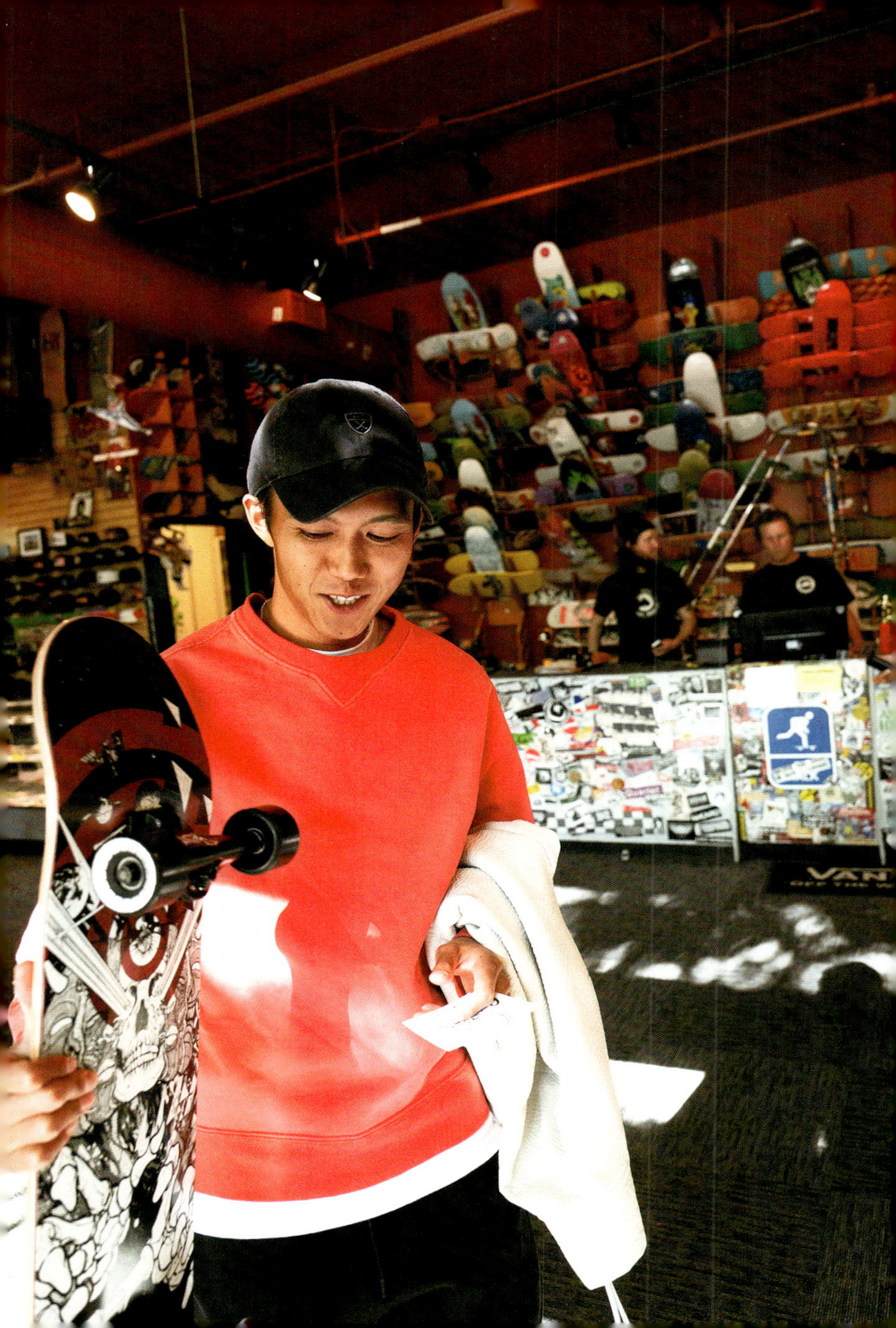

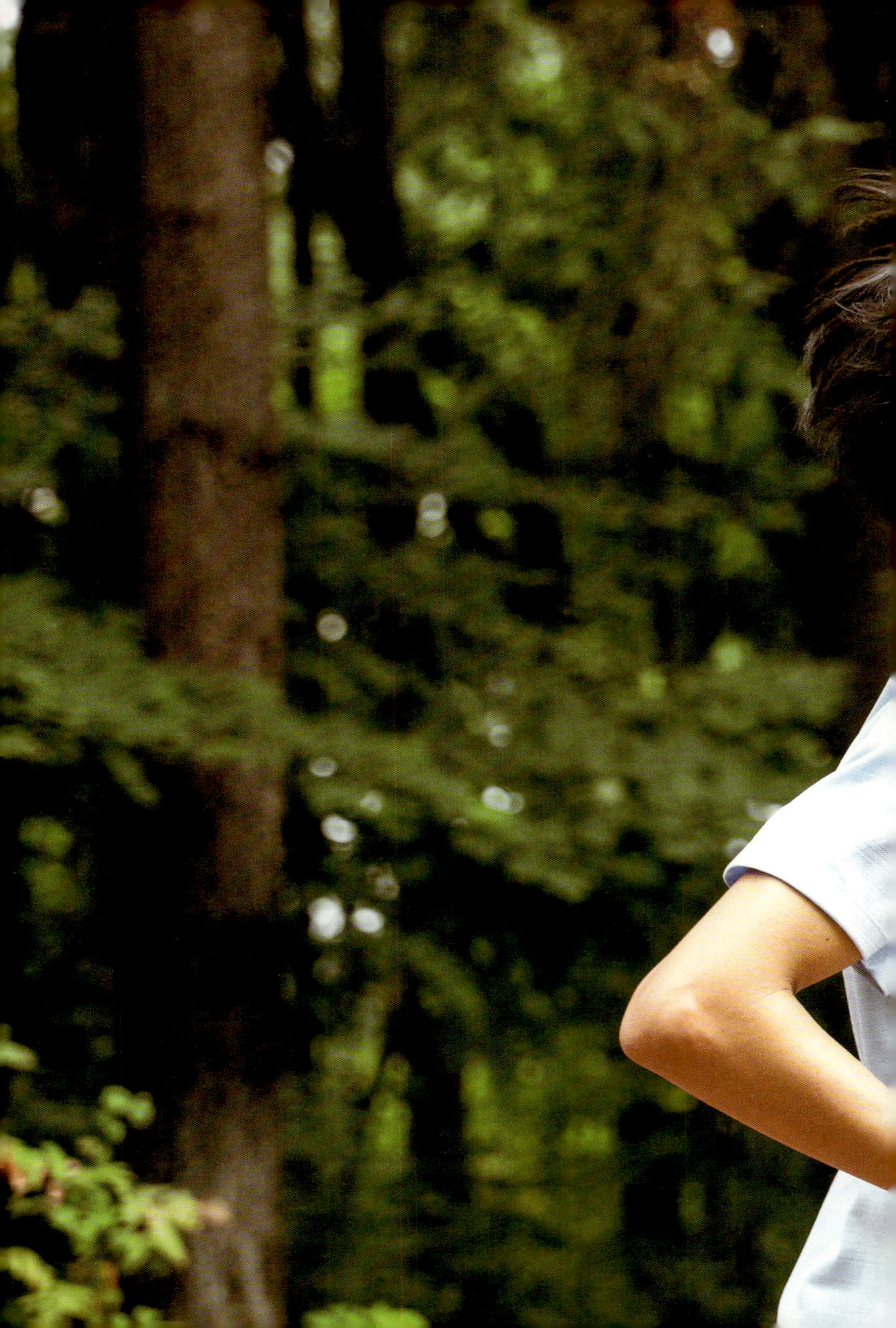

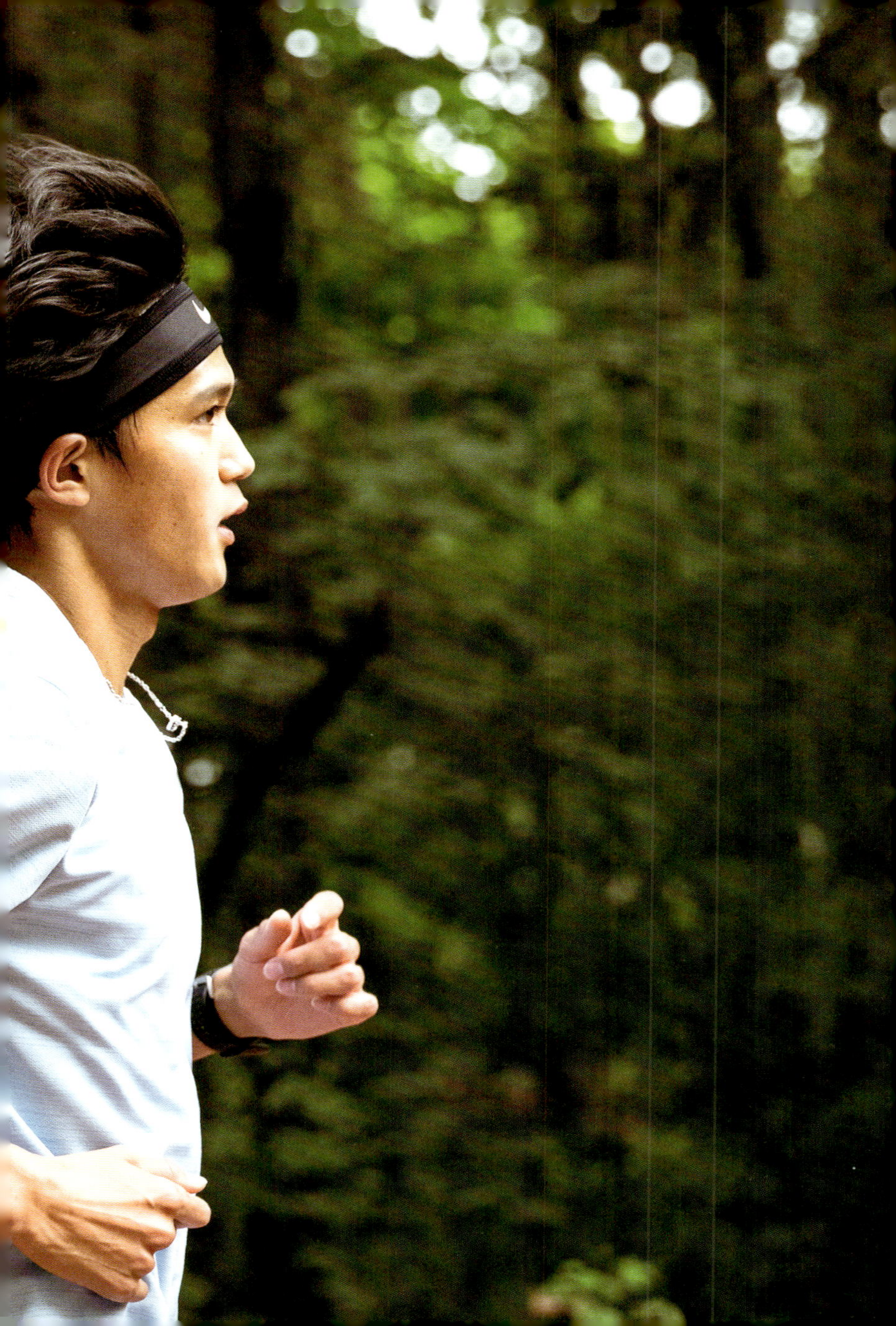

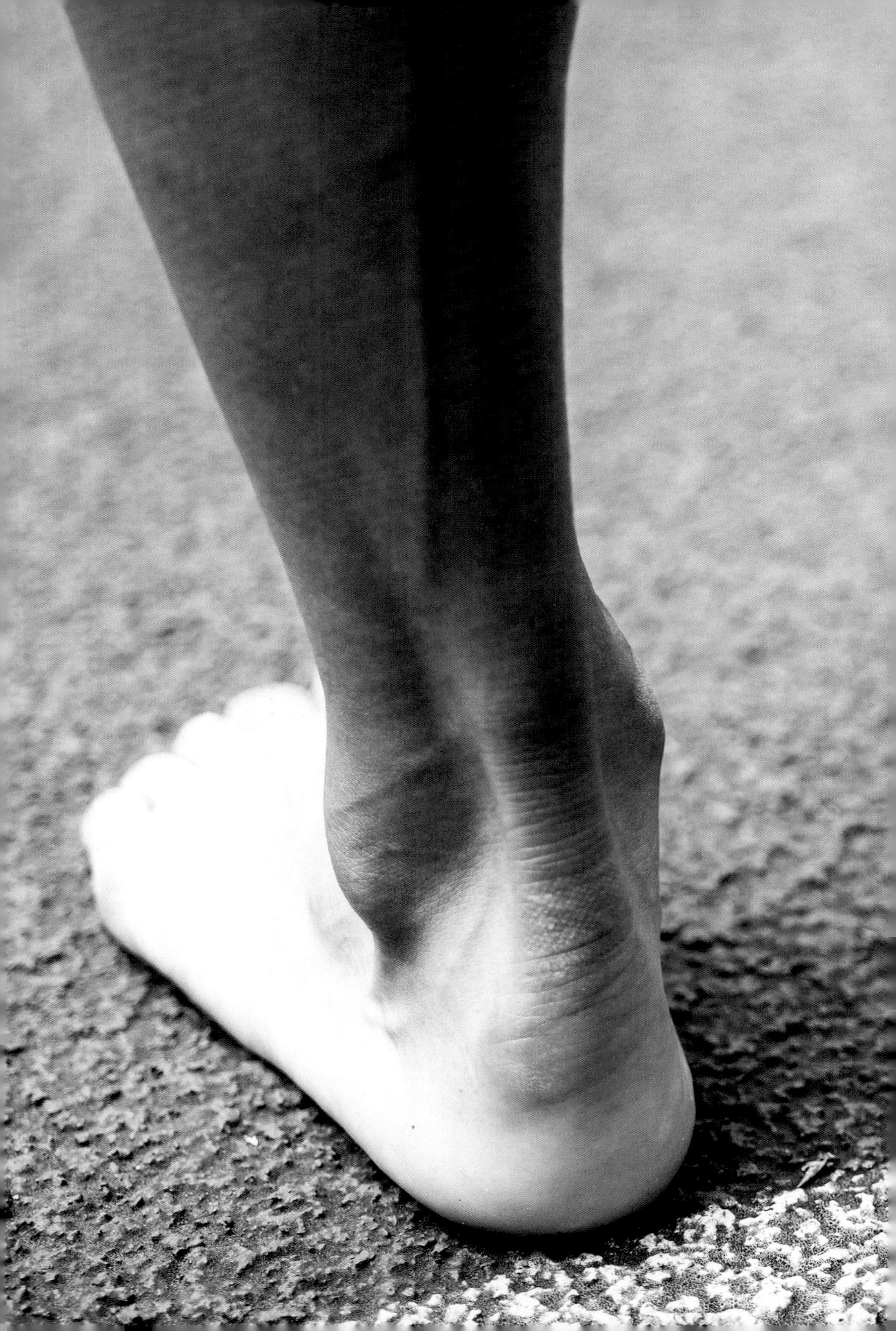

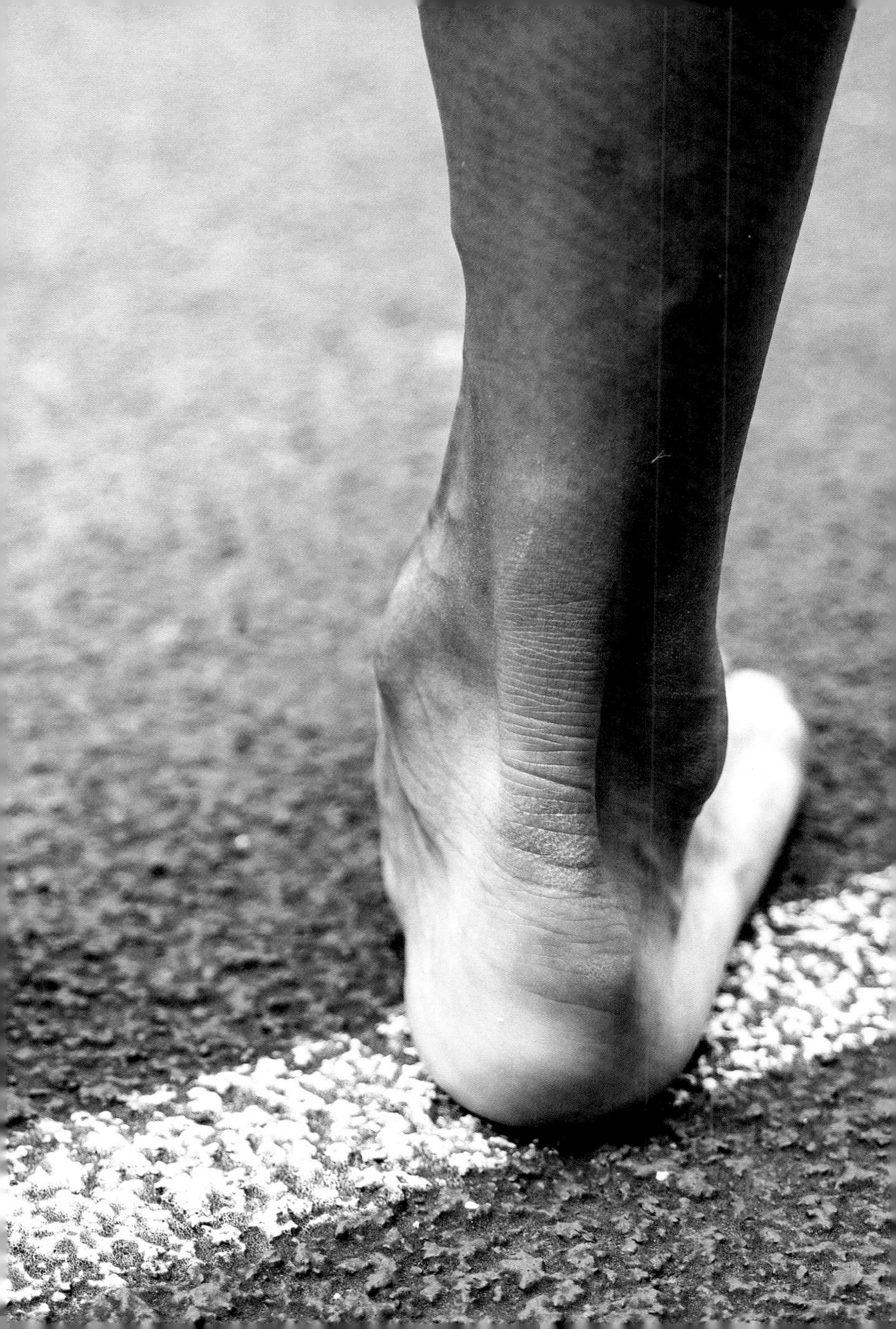

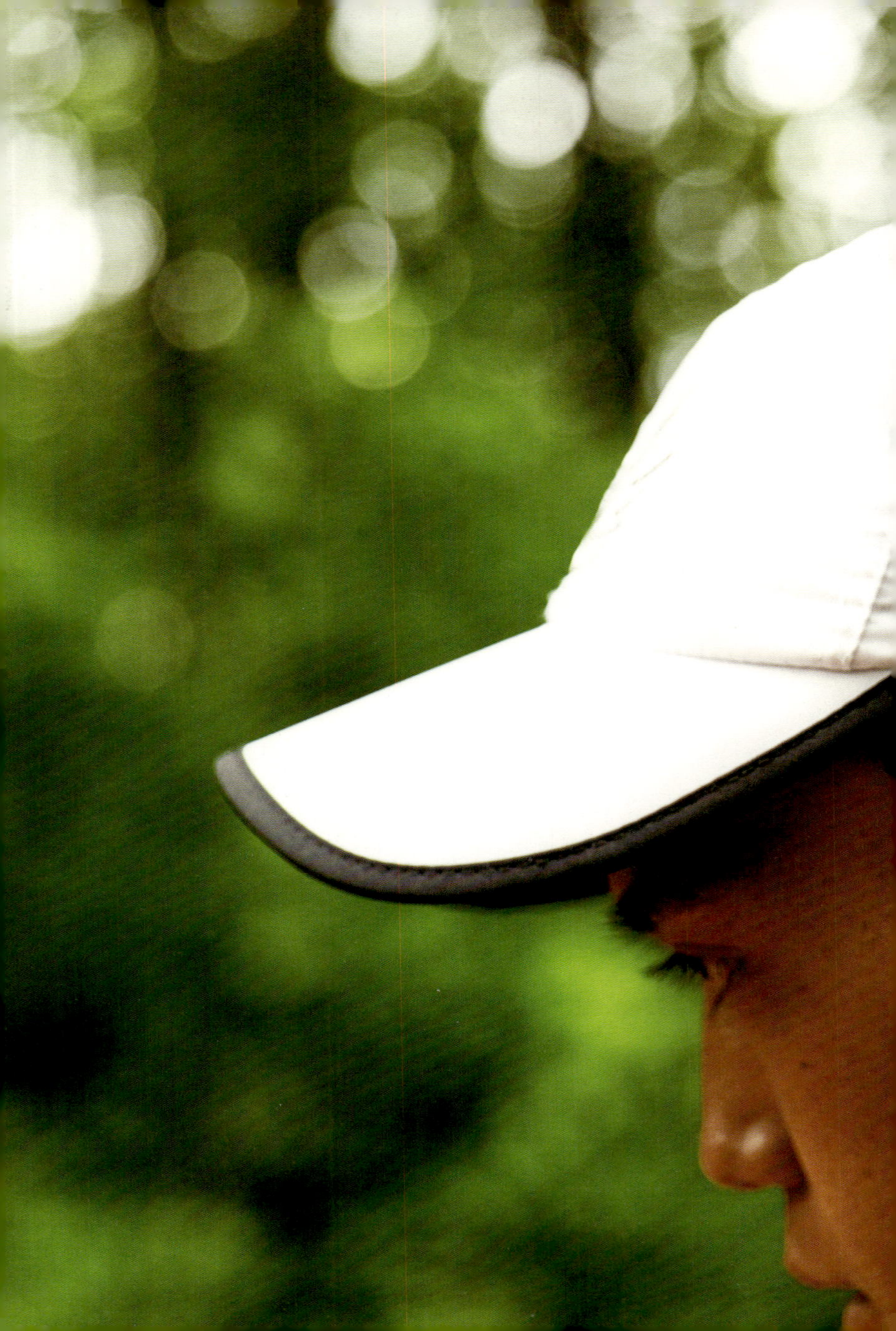

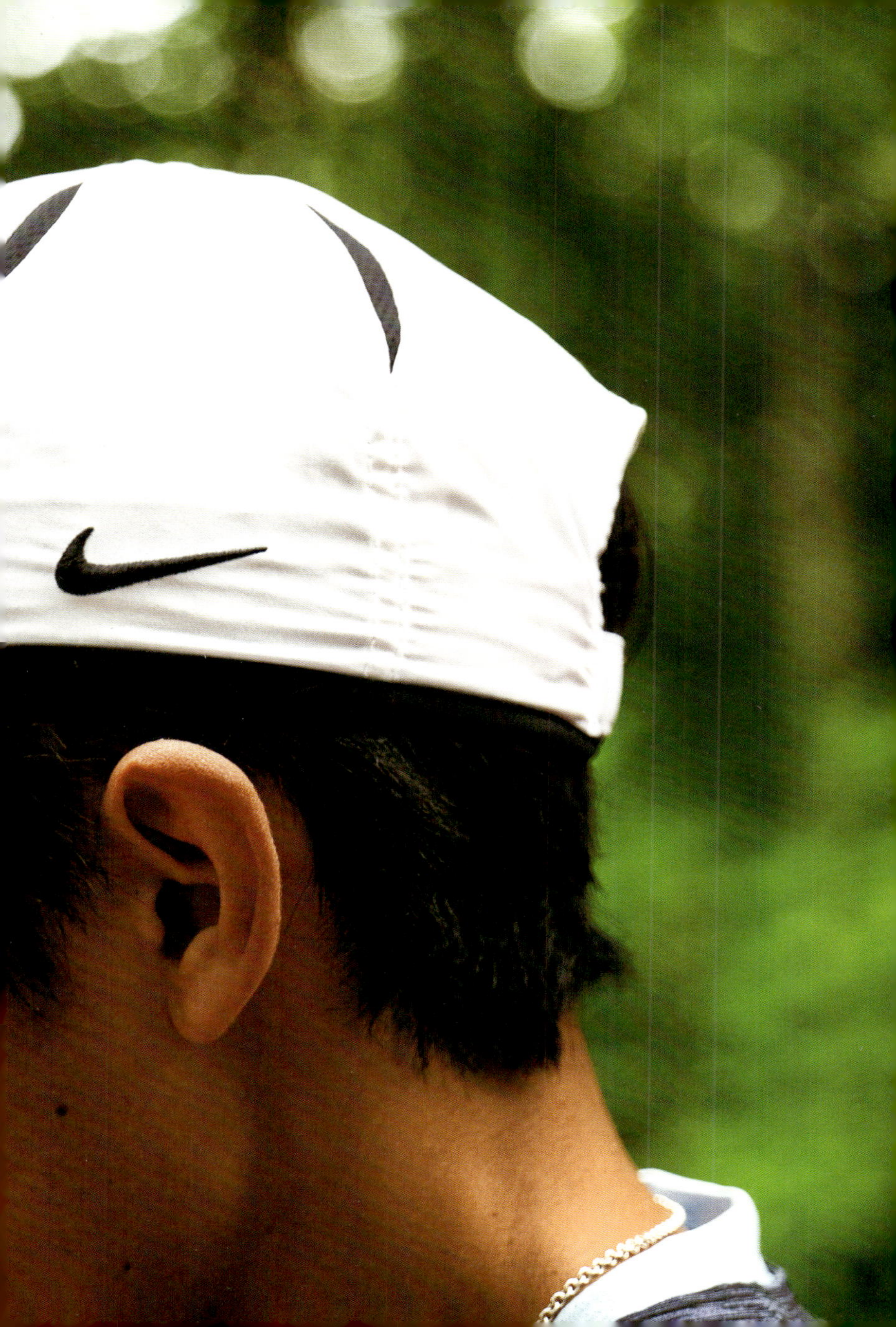

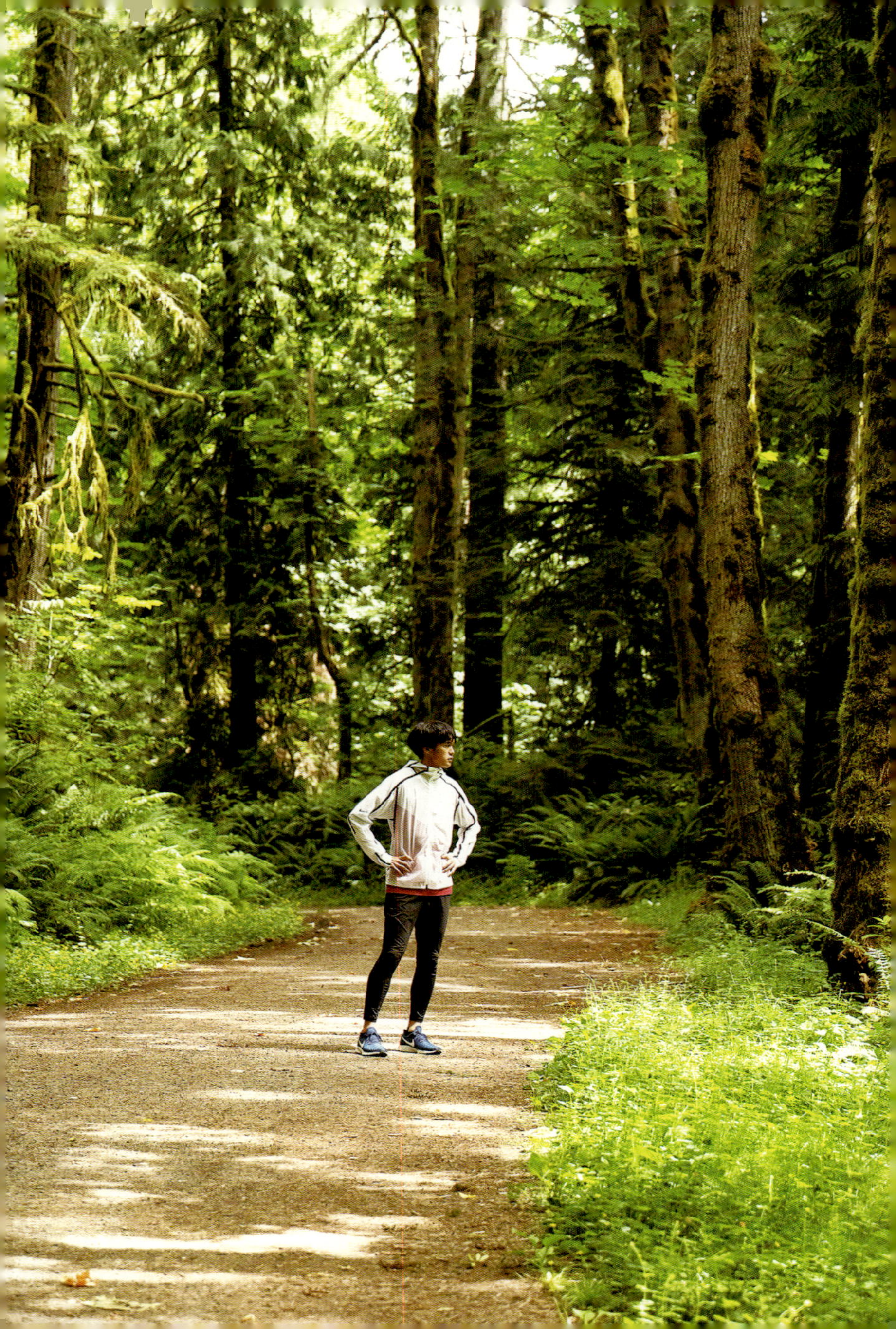

对话大迫杰

解答大家的疑问！

Q（问题）：有人问我，跑步到底有什么可开心的，我实在不知道怎么回答，你觉得跑步开心吗？

A（回答）：下次再有人问你这个问题，你可以试着告诉他："自己去跑跑不就知道了？"假如对方回答"不了，跑步太难受"，你就可以直接告诉他："那你估计永远不会明白跑步的快乐。"我认为，表达并不一定要全用语言。我之所以觉得跑步开心，是因为跑步的时候我总是一个人，无论好坏，我都能沉浸于自己的天地中，用想象创造自己的世界。跑步还能带给我一种自己完成某件事情的快感。譬如，团队竞技项目给人一种大家一起解开谜团的感觉，当然田径项目仅凭一个人的力量也无法成功，但比起其他运动项目，田径更给人一种自己寻找下一片碎片完成拼图的充实感，找到久寻不见的那片拼图会让人雀跃。我觉得田径能够带给人这种自己完成一件事的快乐。

Q：是什么让你能够一直有动力？

A：我觉得，所谓动力，不是靠保持得来的，而是每天从内心涌出来的，不是吗？不要把心思只放在一件事物上，更理想的状态是对许许多多的东西都有动力——动力既可以是想吸引大家的目光，也可以是在训练结束后饱餐一顿。

想打破纪录当然不错，但我觉得，只对这一件事有动力，多半会坚持不下去。假如我只希望自己能够跑得更快而没有其他动力，多半在几年前就退役了吧？不管是开心还是难过，人的情感并不能维持太长时间，对吧？我认为动力也是一样，需要每天从不同的事物中不断寻找并发掘。

Q：你有过无论如何也不想练习的时候吗？
A：我认为这不是想不想做的问题，而是必不必须的问题。

Q：陷入低谷期的时候，你在想些什么呢？
A：是想知道从谷底爬出来的方法吧？嗯，我先想想，把状态低落说成低谷期，这种说法到底正不正确。比如，可以换个积极的词语，自己现在只是在过渡期。处于巅峰时也是如此，总要有低谷期才能崛起。因此，只要把所谓的低谷期看作自己的成长期，这种时候不需要特意做些什么，冷静下来想想自己应该怎样练习，淡然应对就好。

Q：能够告诉我们日本与美国的指导方法有什么不同吗？
A：虽然的确有区别，但是我在这里不多说了。现在日本的指导者遭到许多非议，但我并不认为日本的指导方法或者说训练方法是错误的。事实上，我认为容易妥协或者被惯坏的选手，交给像驹泽大学的指导员大八木弘明一样严厉的指导员来教导更好。当被扔到自由的环境中时，许多选手会对环境妥协，并不是所有人都能很好地控制自己。

Q：待在弱小的队伍里也能变强吗？
A：认真练习、慢慢积累的孩子，无论到哪儿都能变强，弱小的孩子走到哪儿都一样弱小。如果只是因为指导者优秀，才在一时之间变强，那么如果离开那个环境，成绩就可能下降。就像我此前所说的那样，关键是自己。不要把目光放在外部因素上，应当更关注自己。我认为，能不能取得进步其实取决于自己的干劲，与指导者关系并不大。更重要的是如何给自己树立挑战，并不断克服。尽管向他人学习并汲取经验很重要，但是我们更应该专注于自己现在能做到什么，不是吗？

Q：以慢跑为目的的话，应该有意识地重点做哪些练习呢？
A：这个问题需要根据选手目前的水平回答，因为我不知道你所说的选手水平究竟如何，所以没办法给你一个准确答案……如果是新手的话，要想把慢跑练好，首先还是要习惯跑步。慢跑是长跑的基础，如果距离太短，就变成了间歇训练，如果距离中等，又有些像节奏跑。因此，无论是快跑还是慢跑，只要是跑步，就应该以同样的方式看待。无论是挥臂的方式还是跑步的姿势，或是其他动作，不要因为是慢跑就不在意，不管是用什么速度跑步，动作标准都很重要。不过老实说，毕竟我也不知道你所说的选手的水平，因此给不了什么建设性意见。

Q：你对跑步时的呼吸方式有什么看法呢？
A：我认为自然地吸气、自然地呼气就好。我并没有什么特别的看法。

Q：对于想在 3 小时内跑完马拉松的业余选手，有什么独特的训练建议吗？
A：如果有人说他知道这种特别的方法，那他肯定是在骗人。（笑）既然你以 3 小时跑完马拉松为目标，那么我认为你应该有些关于间歇训练、长跑及快跑的基本知识。这样的话，其实没有什么特别的路可走，脚踏实地地去跑就行。

Q：我跑步时脚步声很大，这让我很困扰。如果我采用你的姿势跑步，脚步声会变小吗？

A：即便是顶尖选手，也有脚步声很大的。并不是说跑步时脚步声小了，速度就能变快。如果你没那么讨厌自己的脚步声，那么没必要勉强自己纠正它，不能保持现状吗？之所以脚步声大，是因为你蹬踏地面时力量很大，这让你有可能达到很快的速度。如果你想让你的转身变得更灵活，可以试试在放松的状态下以较快的速度跑下坡，脚自然而然就会记住这种动作，可能脚步声也会变得小一些。不过，毕竟不能亲眼看到你的跑步姿势，我也不敢断言。

Q：为了提高速度，我开始锻炼自己的肌肉，有什么推荐的训练方法吗？

A：人与人的跑步姿势、肌肉的生长情况各不相同，关于这个问题，还是请一个私人教练比较好。向拥有专业知识的人请教，在他的帮助下制订训练计划会更有效果！

Q：哪些肌肉对于前脚掌跑法来说是必需的呢？有哪些锻炼方法呢？

A：归根结底，你到底为什么想练习前脚掌跑法？前脚掌跑法是结果而非目的。人与人的身体不同，并不是说采用了前脚掌跑法，速度就一定会变快。我认为以最适合自己的姿势来跑才是最好的。

Q：你走路的时候也是前脚掌着地吗？
A：为什么不自己走走试试，前脚掌着地走不了吧？真这么做的，只有怪人吧？（笑）

Q：听说跑步机不能锻炼腿部力量，那么，应该在什么时候使用跑步机呢？
A：下雪，或者不能在户外跑步的时候，我会用跑步机。在跑步机上跑步或许与户外跑步有些微不同，但只有真正顶尖中的顶尖选手，才会注意这种细微的差别。我认为对于业余跑者来说，只要能没有压力、舒舒服服地跑下来，在哪里跑区别不大。无论在哪里，只要能跑，坚持跑就好了，这才是最重要的。不太需要考虑这么深的问题吧……

Q：间歇训练对于全程马拉松有帮助吗？
A：有。不是说练习全程马拉松只需要跑长跑或者短跑就够的。请尝试所有训练项目。

Q：我有3个孩子，都在从事田径运动，但拿到自己的最好成绩以后，就再也没提高了。应该怎么练习呢？

A：我认为他们到了成长期。我能理解家长焦虑的心情，但毕竟去跑的是孩子，他们跑得快也好，慢也罢，希望您能够怀着置身事外的心情支持他们。孩子会因为自己不得不跑步等无法控制的事情感到焦虑，家长给他们的压力也有可能成为他们的障碍。对于成长期的孩子而言，即使没有什么特殊原因，也会有人进步，有人停滞不前，只要他们还在认认真真地努力就好了。如果这是孩子自己提出的问题，或许我能提出一些建议，但只要孩子还有干劲，也没有贫血一类的问题，请家长保持耐心就好。

Q：你节食吗？

A：对于进行马拉松练习的人来说，有时候不需要节食，反而不得不多吃。此外需要考虑一整天的饮食搭配，而不仅仅是一顿饭的营养均衡。

Q：跑步会导致髂胫束综合征吗？有什么克服或者预防的方法呢？

A：只有忍耐。总之去跑吧，顺带一提，我是忍一忍，然后用比较快的速度跑起来就会感觉好一些。（笑）也可以参考下一个问题的答案。

Q：**虽然说感觉疼痛的时候最好休息，但是不觉得疼痛的日子反而比较少，休息就没法子练习了，你是怎样管理疼痛感的呢？**

A：最重要的是把握自己脚的状态。不要才感到一点儿疼痛就马上休息，坚持试试还能跑多远。比如说原本痛感是4，跑10分钟以后痛感变成了2，那我觉得可以继续跑。但随着身体发热，情况恶化了的话，那就是该休息了。长跑练习中，一边跑一边克服疼痛感很重要，感到疼痛就休息这种常识在长跑中不一定正确。如果因为疼痛就休息一周，肌肉的力量会变弱，跑步的感觉也会变得奇怪，或者又有其他地方感到疼痛了。但是，完全无视疼痛感也会对跑步造成负面影响。对于跑者来说，一点儿疼痛都没有的日子比较少，这很常见，学会酌情处理很重要。

Q：**你怎么安排休息日呢？**

A：跑完马拉松后我会稍微休息几天，平常基本没有休息日。虽然有时候跑得多，有时候跑得少，强度也不同，但我每天都会跑步。说句题外话，有很多人问过我平常都休息多久，我也会想，对方问这个问题的目的到底是什么。有时候我会觉得对方是想说服自己："大迫杰都休息这么久，所以我也可以休息这么久。"这样的问题其实没有建设性吧。想跑得更快的话，打心底里就不应该考虑怎么休息，不是吗？

Q：能告诉我你的休养方法吗？
A：泡澡是个好方式。2018 年 7 月在长野集训的时候，我们有很多机会泡温泉，我觉得这不只能让人放松，还能够加快体力恢复。此外就是拉伸了。我特别注重拉伸大腿关节附近，但是人对身体过度使用的情况不同，选择最适合自己的拉伸方法是最好的。

Q：比赛前你都会做些什么？
A：做和平常一样的事情，比如稍微慢跑一下之类的。

Q：比赛当天，你会在起跑前多久用餐呢？
A：起跑前 4~5 个小时，我会吃一点儿蜂蜜蛋糕、百吉饼还有香蕉。比赛前一天我会多摄入一些碳水化合物，但是并不会过度在意饮食。

Q：请分享一下你在赛前是怎么热身和调整情绪的。
A：我觉得热身是只要让身体发热起来就好。就算特别用心地热身，结果也不会改变，毕竟要跑42.195公里，热身强度过高反而会让人在比赛正式开始前就浪费了体力。我从来不太在意赛前调整情绪，所以关于这方面也没有什么可行的建议。与其在比赛前胡思乱想，倒不如专注于为比赛练习。尤其是马拉松这项运动，只要在比赛正式开始后保持高昂的情绪就好。

Q：如何在长跑中专注？
A：我认为与其他竞技项目的专注没有什么不同。当然，如果你认为只是要在比赛中集中注意力，那就错了。练习时也请集中精神。

Q：为什么你会在比赛时戴棒球帽？
A：并没有什么特别的理由。单纯是为了遮阳或者遮雨。太阳镜对我来说反而是麻烦，所以不戴。

Q：我在比赛中跑不出和练习一样的效果，你觉得有什么要特别注意的吗？

A：我一开始想到的是你的练习量不够。自信不是无源之水，如果不在练习中积累，比赛中是不会突然涌出来的。这种自信对比赛有着重大意义。只要在练习中不断努力，这份自信就能够成为比赛中的好帮手。假设在练习时能用比赛的标准跑完一次，但这没有多大意义。我不知道你跑步的水平如何，所以没办法给你最合适的建议，但是建立自信只能通过在练习中努力。

Q：在比赛最后阶段，觉得自己已经"不行"了时，怎么坚持跑完呢？

A：这个问题很简单，不要想自己已经"不行"就好。我只能说这种理所当然的话了。（笑）觉得自己已经不行了是放弃自己的表现。说我从没有在比赛中有过这种念头，当然是谎话，但是我总是积极理解这个问题。"不行"是消极的字眼，把它换成积极的念头吧，就我而言，我会尽量想象自己能够做到，比如说我会想没剩下几公里了，跑完就好，或者这么点苦头我练习时就尝过了，等等。

Q：跑步的时候应该想些什么呢？我常常因为太在意时间而消耗太多体力。

A：我觉得因人而异吧，不过如果体力消耗过大是因为太在意时间，可以尝试把注意力放到其他事情上，比如跑步的节奏，或者放松自己等，找到什么适合自己，然后在练习中反复尝试就好。

Q：你在做选择时会优先考虑什么呢？

A：嗯，选择有许多种，我不太清楚提问的人想了解哪个方面。如果在决定是否要做一件事情，应当先思考做这件事的理由而不是不做的原因。

Q：比起偶然的胜利，我更想在能够确保胜利的情况下挑战比赛。我在思考为此应该做什么选择，但是想不出答案。

A：我并不能每次都做出最佳选择，更没有在知道自己一定能胜利的情况下参加比赛。胜利没有捷径，只能脚踏实地，度过毫不妥协的每一天。我认为只要绝不妥协，就一定能通往下一次胜利。